부모와 아이 마음 간격

1mm

Kids Stress Syndrome

부모와 아이 마음 간격

1mm

Kids Stress Syndrome

손석한 지음

f&g 파인앤굿

프·롤·로·그

최근, 아이들의 정신 건강에 관심을 가지는 부모들이 많아졌습니다. 이는 과거보다 아이들이 누려야 할 삶의 질을 더 많이 배려하고 있다는 뜻이 되겠지요.

그럼에도 불구하고 '먹여 주고, 입혀 주고, 공부시켜 주는데 무슨 스트레스야. 우리가 어릴 때는……' 식의 안이한 생각을 하시는 부모님이 있습니다.

스트레스는 아이의 마음을 파괴시키고 병들게 하는 것은 물론 성격 형성에 중요한 영향을 끼쳐 성장 후에도 삶의 질에 절대적 영향을 줍니다.

대표적인 소아기 장애인 주의력 결핍-과잉행동장애(ADHD)는 학령기 아동의 5~10%를 차지할 만큼 흔한 병이 되었습니다. 또 스트레스를 겪는 아이들은 스스로 원인 파악과 대처를 할 수 없기 때문에 주위의 도움, 특히 부모들의 도움이 절실하게 필요합니다. 하지만 대부분의 부모님들은 아이들이 이상 행동을 보일 경우 꾸중으로 일관하거나 심지어는 체벌까지 가하는 경우도 있습니다. 참으로 가슴 아프고 답답한 경우가 아닐 수 없습니다.

저는 이 책을 통해서 우리의 아이들이 성장기에 주로 겪게 되는 다양한 스트레스의 종류와 대응 방법을 실제 사례를 중심으로 설명함으로써 우리 부모들이 진정으로 아이를 잘 키울 수 있는 방법을 제시하고자 합니다.

아이는 엄마 뱃속에 있을 때부터 스트레스를 받기 시작합니다. 산모는 시어머니와의 갈등, 남편과의 불화, 직장에서의 스트레스, 원하지 않은 임신에 대한 부정적인 마음, 경제적인 어려움 등 각종 스트레스에 노출되어 있습니다.

산모가 이러한 스트레스에 시달리면 뱃속의 아이에게 전해져야 할 산소와 영양분의 공급에 이상이 생기는데다가 스트레스 호르몬이 분비되어서 태아의 두뇌 및 신체 발달에 지극히 부정적인 영향을 미칩니다. 이런 환경에서 태어난 아이는 기질이 까다롭고, 잘 먹지도 않으며 잠도 푹 자지 않습니다. 또 지나치게 예민한 성격으로 자라나거나 산만해지기 쉽지요. 최근 ADHD 아동이 급증하는 이유도 이와 무관치 않습니다.

아이가 출생하여 돌이 될 무렵까지는 먹고 배설하고 잠자는 것이 가장 중요합니다. 생존에 관련된 1차적 욕구들이 편안하게 충족되면, 아기는 세상에 대해서 기본적인 신뢰감을 갖게 됩니다. 더욱이 엄마의 손길과 사랑이 있다면, 아기는 불쾌하고 괴로운 스트레스 없이 편안하고 기분 좋은 '자극'에 둘러싸여 살게 되는 것이지요.

그러나 1차적 욕구들이 제대로 충족되지 않거나 문제가 생기면 아기는 곧 심각한 스트레스를 받게 됩니다. 아기는 '울음'으로 자신의 스트레스를 표현하지요.

이 시기의 스트레스는 아기의 신체 발달과 지능 발달에 직접적인 영향을 미치게 되므로 더욱 세심한 주의가 필요합니다.

이제 생후 12개월이 지나면서부터 아이는 점차 스스로 걷고 말하고 먹게 됩니다. 이전까지 모든 일들을 엄마가 대신 해 주던 것에서 독립해 나가는 시기입니다. 시행착오와 실수를 거듭하는 아이의 독립 과정은 곧 스트레스의 원인이 되지요.

대표적인 것이 '대소변 가리기'입니다. 이 과정에서 부모가 지나치게 아이를 통제하거나 야단치면, 아이는 '수치심'과 세상과 자신에 대해 '의심'을 갖게 됩니다. 또 '욕구 충족을 지연시키는 능력'이 충분하지 않을 때여서 원하는 것이 즉시 생기지 않으면 떼를 쓰는 일이 잦아집니다.

이 시기의 아이들은 스트레스를 받으면 우는 것 외에도 수줍음, 두려움, 불안, 악몽, 엄마 뜻과는 반대로 행동하기, 분노, 공격적 행동 등의 다양한 반응을 나타내기 시작하지요.

아이가 성장 과정의 스트레스에 잘 적응하도록 하려면 무엇보다도 엄마의 사랑과 격려가 가장 중요합니다.

아이가 만 3세를 즈음해서는 언어와 사고의 기능이 폭발적으로 발달합니다. 아직 어른들처럼 추상적인 사고는 불가능하지만, 나름대로 자기 논리를 만들어서 생각하고 판단하고 행동하기 시작합니다.

이 시기의 대표적인 스트레스는 '질투와 경쟁'이라고 할 수 있습니다. 특히 동생을 보게 되면 부모의 사랑을 두고 서로 치열한 쟁탈전이 벌어지는데, 보통은 언니나 형이 더 많은 스트레스를 받게 됩니다. 동생이 태어난 뒤 전에 없던 '아기 짓'을 하는 퇴행 현상도 엄마의 사랑을 동생에게 빼앗겼다는 불안의 스트레스 때문에 생기는 것입니다.

그 밖에 '씻기', '잠자기', '먹기' 등 생활 습관과 관련된 '엄마와의 전쟁', 또래 아이들과의 다툼 등도 중요한 스트레스 요인이 됩니다.

스트레스 증후군은 병까지 가지는 않더라도 이로 인해 아이들이 정신적 고통과 깊은 상처를 입게 되고 이는 고스란히 아이의 성격 형성에 영향을 주지요. 아이의 스트레스를 완전히 없애기란 사실 불가능합니다. 오히려 어느 정도의 적당한 스트레스는 극복해 나가면서 건강하게 성장하기도 합니다. 문제는 스트레스로 인한 부모와 아이의 갈등을 어떻게 극복하느냐가 관건이 되겠지요.

세상의 모든 부모는 내 아이가 훌륭하게 성장해서 좋은 대학과 좋은 직장에 다니고 행복하게 살기를 바랍니다. 하지만 열심히 공부시켜 좋은 대학, 좋은 직장에 다니면 뭐합니까? 너무나도 안타깝지만 요즘 명문고등학교, 명문대학교, 대학원생들의 자살 사건이 빈번하게 발생하고 있습니다. 뿐만 아니라 매스컴에는 속칭 '배우고 출세한 사람'들이 저지르는 각종 범죄 행위도 심심찮게 보도됩니다.

이렇듯 아이들의 정신이 건강하지 못하면 평생토록 노력했던 모든 것들이 한순간에 물거품이 되고 맙니다.

아이 키우기가 내 마음처럼 잘 되지 않지요? 엄밀하게 말하면 '아이는 내가 아니라 남'입니다. 아이는 나와 생각이 같은 한 몸이 아니라 독립된 하나의 인격체이고 그들만의 정신세계가 있습니다.

한 몸처럼 가깝고 사랑스럽고 내 모든 것을 다 주어도 아깝지 않은 존재이기는 하지만 아이와 부모 사이에는 붙은 듯 보이는 1mm의 마음 간격이 있습니다. 1mm의 차이는 영원히 극복할 수 없는 깊은 수렁이 되어 자식과 부모를 반목시키기도 하지만 한 몸처럼 가까운 거리이기도 하지요.

이제부터 아이들의 마음을 읽고 이해해서 그 1mm의 차이를 극복해 보세요. 이것은 영재 교육보다, 조기 유학보다, 좋은 대학과 직장보다 더 중요하고 우선되어야 합니다.

목 ● 차

1mm의 아픔

엄마! 제발 가지 마

사람과 사람의 관계 중에서 가장 편안하고 헌신적인 관계는 엄마와
아이 사이가 아닐까 생각합니다.

출산을 경험해 보지 못한 사람은 진정한 엄마의 마음을 모른다고들
하지요. 하늘이 노래지는 산고를 겪고 마침내 자식을 품에 안으면 친정
엄마의 얼굴이 저절로 떠오릅니다. 아이를 키우며 진자리 마른자리 가

느라 밤잠을 설치기도 하고 밤새 열이 펄펄 끓는 아이를 들쳐 업고 병원 문을 드나들다 보면 친정 엄마 생각이 더욱더 간절해집니다.

어렸을 적 엄마의 따뜻한 품에 안겨 있을 땐 세상 그 무엇도 두렵지 않았지요. 그렇듯 지금 내 품에서 잠든 아이를 보는 것도 너무나 행복한 일입니다. 어릴 때 아이들이 느낀 엄마의 체온은 성장해서도 무의식중에 항상 남아 있게 마련입니다. 이렇게 해서 엄마와 자식 간의 관계는 평생 동안 끈끈하게 이어지지요.

하지만 요즘은 맞벌이 가정이 늘어나고 어릴 적부터 시작되는 공부에 대한 부담과 스트레스로 인해 아이들과 엄마가 따뜻한 체온을 나눌 수 있는 기회가 줄어들었습니다. 아이가 크면서 자연스레 엄마 품을 떠나 독립된 인격체로 성장해 가는 것은 지극히 당연한 과정입니다. 하지만 요즘처럼 아이와 엄마가 체온을 나누는 절대적인 시간이 부족한 상태에서 성장하거나, 현실적인 문제로 인해 엄마와의 강제적인 분리는 아이들에게 심각한 정신적 고통과 후유증을 안겨 주게 됩니다.

실제로 요즘 아이들 중에는 엄마가 눈앞에 보이지 않으면 불안을 느끼고, 엄마가 언제 돌아오는지 시시각각 확인하는 아이들이 많습니다. 심지어 어떤 아이는 엄마가 잠깐이라도 옆에 있지 않으면 매우 힘들어 해서 소아정신과의 도움을 받기도 하지요. 이른바 '분리불안장애(Separation Anxiety Disorder)'를 앓고 있는 아이들입니다. '분리불안'은 대개 생후 10개월에서 18개월 사이에 생기기 시작하며, 엄마와 떨어지게 되면서 느끼는 불안과 두려움을 말합니다.

아이들은 대개 생후 8개월 무렵부터 '낯선 사람에 대한 불안감'을 느끼기 시작하지요. 이 말은 낯선 사람과 자신을 돌보는 엄마를 명확히 구분한다는 얘깁니다. 즉 엄마와의 애착 관계가 본격적으로 생기기 시작하기 때문에 낯선 사람이 오거나 낯선 사람을 보는 것을 두려워하고, 나아가 엄마와 떨어지거나 엄마가 시야에서 사라지게 되면 불안해하는 것입니다. 이것은 일종의 생물학적인 본능이지요.

'분리불안'을 느끼는 아이는 울음으로 자신의 불안감을 표시하고, 그 울음에 의해서 엄마가 아이 곁에 다시 다가서거나, 아이에게 관심을 가지고 보살피는 행동을 다시 시작합니다. 따라서 '분리불안'은 아이가 엄마를 옆에 두기 위한 일종의 '애착 행동(Attachment Behavior)'인 셈입니다.

다른 한편으로 '분리불안'은 아이가 엄마와의 동일시에서 자신이 독립적 존재임을 깨닫게 되는 과정의 하나로서 겪게 되는 일종의 통과의례입니다. 즉 '독립화' 과정에서 정상적으로 겪게 되는 불안인 셈이지요.

그렇지만 '분리불안'이 영원히 계속되지는 않습니다. 대개 만 3세가 지나면서 점차 사라집니다. 왜냐하면 비록 엄마의 모습이 보이지 않더라도 아이의 마음속에는 엄마의 모습이 안정감 있게 자리 잡고 있으니까요. 엄마와 아이 간의 긍정적이고도 안정적인 애착 관계에 의해서 아이는 엄마를 신뢰하게 되었기 때문이지요.

엄마가 눈에 안 보이더라도 아이는 머릿속으로 엄마의 모습과 음성을 떠올림과 동시에 가슴속으로는 엄마의 따뜻함을 느낍니다. 게다가 곧 엄마가 돌아와서 다시 나를 보살피고 사랑해 줄 것이라는 믿음도 한몫을 하지요. 그래서 아이들은 엄마와 '빠이빠이!' 손을 흔들면서 이제 어린이집에도 가고 유치원에도 갈 수 있습니다.

그러나 일부 아이들은 만 5세가 지나도 심지어 초등학교 4~5학년이 되어서도 엄마와 헤어지는 것을 불안해하고 학교에 가기 싫어합니다. 특히 4~7세 정도의 아이들이 어린이집이나 유치원에 가기 시작하면서 울음이나 떼쓰기로 엄마와 헤어지기 싫은 마음을 표현합니다.

이럴 땐 참으로 난감하지요. 야단을 칠 수도, 그렇다고 해서 마냥 받아 주거나, 출근을 안 할 수도 없습니다. 우는 아이를 억지로 떼어 놓고 집을 나서는 엄마의 마음은 아프기 그지없습니다.

때로는 눈물과 위로의 '이별 의식'도 필요하다

아이의 '분리불안'은 왜 생기는 것이며 어떻게 대처해야 할까요?

아이가 '분리불안'을 느낄 때 가장 먼저 살펴봐야 할 것은 엄마의 양육이 질적으로 그리고 양적으로 충분하게 제공되었는지의 여부입니다. 여기서 더 중요한 것은 '질적' 양육의 제공입니다.

엄마가 하루 종일 집에서 아이를 돌본다고 해도 '분리불안'은 생길 수 있습니다. 가령 엄마가 아이에게 "너 그러면 엄마 그냥 갈 거야", "너 집에서 쫓아낼 거야" 하는 이별을 의미하는 위협적인 발언을 자주 한다거나 감정 기복이 심해 일관되지 못한 양육 태도를 보일 때 그런 증세를 보입니다.

아이는 엄마가 언제 화를 낼지 언제 기분이 좋아질지 예측할 수 없으므로 늘 엄마 곁을 맴돌면서 엄마의 표정이나 행동을 관찰하려고 하지요. 이와 같은 경우는 엄마의 양육 행동의 변화가 필요합니다.

아이를 키우다 보면 지지리도 말 안 듣고 화가 날 때도 많이 있지요. 그렇지만 무의식중에 쏟아내는 위협적인 발언은 아이들에게 큰 상처를 줄 수 있고 그 상처가 오랫동안 남을 수 있습니다.

반대로 엄마가 질적으로 훌륭한 양육을 제공하는데도 불구하고 절대적인 시간이 부족한 경우가 있습니다. 대표적인 사례가 맞벌이 가정이지요. 맞벌이 가정의 부모들이 가장 어려워하는 것이 바로 아이들 문제가 아닐는지요.

이 경우 가능하면 출퇴근 시간을 일정하게 하여 아이로 하여금 엄마와 떨어지는 시간과 만나는 시간의 규칙성을 깨닫게 하는 것이 좋습니다. 또한 아이와 헤어지는 시간을 충분히 길게 갖는 것이 좋습니다. 아침에 급하다고 아이 몰래 나간다든지 혹은 아이를 적응시킨다고 빨리 떨어지게 하는 것은 결코 바람직하지 않습니다. 오히려 매일 아침 눈물과 위로의 '이별 의식'을 가져 보세요.

우리 어른들은 직장에 늦으면 안 된다는 합리적인 이유가 있지만, 아이는 그것을 이해하지 못하는 게 너무나도 당연합니다. 따라서 떨어질 때도 충분한 시간을 가지면서 엄마와 마주 보고 얘기하는 것이 좋습니다.

이 과정에서 아이가 엄마와 떨어지지 않으려고 떼를 쓰는 경우도 많지만, 자꾸 반복되다 보면 결국 아이도 적응해 나가게 됩니다. 그러면 점차 아이는 엄마의 출근 시간에 힘들어하지 않고 작별 인사를 할 수 있습니다.

직장에서도 전화를 자주 해서 아이에게 엄마의 존재를 알리는 것이 좋습니다. 또한 아이와 떨어질 때에도 엄마가 영영 떨어지는 것이 아니고, 반드시 돌아와서 다시 만날 것이라는 점을 강조하여 안심시켜 줘야 합니다. 이때 아이가 이해할 수 있는 수준에서 최대한 구체적으로 설명해 주는 것이 좋습니다. 이를테면 "이따가 어린이집에 갔다 오고 나면 엄마가 돌아올게", "깜깜해지면 엄마가 돌아올 테니 같이 목욕하자"라는 구체적인 말로 아이들을 안심시키는 것이지요.

그러지 않던 아이가 일시적인 '분리불안'을 보이거나 더 심해지는 경우가 있는데, 이 경우 대개 환경적인 요인이 있습니다.

제일 흔한 경우는 동생이 태어나는 경우입니다. 동생에게 엄마의 사랑을 빼앗길까 봐 엄마 주변을 뱅뱅 맴돌면서 잠시도 떨어지지 않으려고 하는 '분리불안'을 보일 수 있지요. 이 경우 엄마는 아이가 동생에게 밀리지 않는다는 느낌을 가질 수 있도록 '의식적으로' 말과 행동을 통해서 엄마의 사랑과 관심을 표현해 주세요.

다음으로는 아이가 다치거나 아파서 병원에 입원하거나 앓아눕게 되는 경우입니다. 몸이 아프면 당연히 누군가가 보살펴 줄 것을 기대하게 되고, 그 기대가 충족되지 않으면 불안해지기 때문이지요. 따라서 이때는 아이의 불안 심리를 안정시키기 위한 엄마의 세심한 주의가 필요합니다. '엄마는 네가 다 나을 때까지 늘 곁에 있으면서 보살펴 줄 거야'라는 메시지를 전달해 주세요.

아이가 '분리불안'을 잘못 경험했을 때는 부작용이 생길 수 있습니다.

위 사례처럼 '분리불안장애'로까지 발전하지 않는다손 치더라도 '분리불안'이 적절히 해소되지 않으면, 아이의 불안이 일반화되어서 소위 '걱정이 많은 아이'가 될 수 있습니다. 매사에 걱정부터 하는 소극적이고 부정적인 아이로 자라나게 되는 것이지요. 또 엄마와의 애착 관계가 불안정한 애착 관계로 될 수 있는데, 이것은 특히 엄마의 대처 방법이 잘못되었을 경우에 더욱 그러합니다.

아이는 '분리불안'을 나름대로 극복하기 위해서 엄마와의 애착 관계를 일부러 외면하는 '회피형'의 성격이 될 수도 있고, 엄마와의 애착 관계에 매우 집착하는 '집착형'의 성격이 될 수도 있습니다. 어느 경우든 안정적인 애착 관계를 형성한 아이보다는 향후 자라나면서 각종 정신적 병리 증상이 생겨날 가능성이 더 높습니다.

어린이 자신들도 '분리불안'을 극복하기 위한 나름대로의 방법을 터득할 필요가 있습니다. 먼저 아이들에게 다음과 같은 점들을 알려 주세요.

'엄마는 나를 사랑으로 키워 주시는 소중한 분이시며 나도 세상에서 엄마를 제일 좋아하지만, 엄마와 나는 분명히 서로 다른 사람이다. 그리고 엄마는 나를 키우시는 일 외에도 아빠를 도와주시고 집안일도 하시며 형 또는 언니나 동생을 보살피는 일도 하신다. 나처럼 엄마에게도 친한 친구가 있어서 가끔씩 친구들을 만나서 즐거운 시간을 가지기도 한다. 마트에서 물건을 사 오는 것도 우리 집 살림에 필요하기 때문에 그러시는 것이다.'

여기에 덧붙여 '엄마가 그렇게 바쁜 하루를 보내면서도 마음속으로는 나를 항상 생각하고 있다'는 점을 분명히 믿게 해 줍니다.

'우리 철수가 학교에서 친구들과 사이좋게 지내고 있겠지?'

'선생님 말씀을 잘 듣고 있을 거야.'

'혼자서도 숙제를 잘하고 있어야 할 텐데.'

이처럼 엄마는 끊임없이 자기에 대한 관심과 사랑을 갖고 계신다는 점을 가르쳐 주세요. 그 결과 엄마는 아이의 마음속에 있고, 반대로 엄마의 마음속에는 아이가 자리 잡고 있다는 점을 알 것입니다. 이 사실을 믿고 기억한다면, 당장 눈앞에 엄마가 보이지 않아도 걱정할 필요가 없을 것입니다.

우리가 어렸을 적 엄마가 안 계신 텅 빈 집을 지키던 불안한 나의 모습, 그리고 엄마가 돌아왔을 때의 그 반가움과 안도감을 가만히 떠올려 보세요.

아이에게 엄마라는 존재는 그렇게 크고 든든하고 편안한 태산 같은 존재입니다. 엄마는 그냥 곁에 있다는 생각만으로도 아이에게 세상에서 가장 큰 행복을 전해 주지요. 성장과 더불어 자연스럽게 엄마로부터 독립하되 '내 마음속에는 항상 엄마가 있고 엄마 마음속에는 항상 내가 있어' 하는 확신은 아이들에게 평생의 가장 큰 응원군입니다.

착·한·아·이·증·후·군

착한 행동 속에
감추어진 분노

내 아이를 '착한 아이'로 키워야 할까요? 아니면 '나쁜 아이'로 키워야 할까요?

뭐 이런 말도 안 되는 질문이 있냐고 하시겠지요. 세상의 그 어떤 부모도 내 아이를 나쁜 아이로 키우겠다는 사람은 아마 없을 겁니다. 하지만 착한 아이로 키우려는 부모의 교육 방식에는 부모가 모르는 아이만이 겪는 고통이 숨어 있을 수 있습니다.

　이른바 '착한 아이 증후군(The Good Child Syndrome)' 이지요. '착한 아이 증후군' 이란 '착한 아이' 라는 소리를 듣기 위해, 혹은 스스로 '착한 아이' 가 되기 위해 내면의 욕구나 소망을 억압하는 말과 행동을 반복적으로 하는 것을 뜻합니다. '착하다' 라는 말을 듣기 위해 항상 전전긍긍하거나 불안해하는 것이지요. 평범한 아이라면 반발할 일도 '착하다' 는 엄마의 말에 아무 소리 못하고 따라하는 것입니다. 하지만 그 어쩔 수 없이 행했던 착한 행동 뒤에는 커다란 분노가 숨어 있을 수 있습니다.

　일곱 살 현민이는 평소에 엄마 친구들 사이에서 부러움과 칭찬의 대상이었습니다. 인사성이 밝은 것은 물론 엄마 친구들이 집에 놀러 오시면 그분들의 신발까지 가지런히 정리해 줄 정도로 예의가 바른 친구지요. 그런데 현민이 엄마는 얼마 전 너무나도 황당한 일을 겪어 지금도 얼굴이 화끈거립니다.

　사태는 현민이의 유치원 연극 시간에 발생했습니다. '좁은 골목길에서 마주 오던 사람과 부딪히면 무슨 말을 해야 하나' 라는 예의범절을 길러주기 위한 상황극이었지요.

　드디어 현민이 차례가 왔습니다. 평소 예의라면 똑 소리 나는 현민이니까 엄마와 사람들은 잔뜩 기대를 하고 보았지요. 하지만 현민이 입에서 끔찍한 소리가 튀어나온 순간 유치원은 쥐 죽은 듯이 고요해졌습니다. 모두들 말문이 막혀 버린 거지요. 상대역 아이가 현민이와 어깨를 부딪쳤을 때 현민이가 한 말은 다음과 같습니다.

"오늘 일요일이라 우리 아빠 노는 날인데 너 우리 아빠 불러 죽여 버릴 거야!"

과장된 얘기가 아니라 실제 있었던 일입니다.

일곱 살 남자아이인 동현이도 유치원에서 친구들과 선생님이 모두 인정하는 소위 '착한 아이'입니다. 동현이 또래 아이들은 하루에 한두 번씩 친구들과 다투는 것이 일반적이지요. 하지만 동현이는 친구들과 다투는 법이 없습니다. 항상 양보를 하기 때문에 친구들 사이에서도 꽤 인기가 있습니다. 또 선생님이 하신 말씀은 무조건 그대로 따르는 아이였지요.

그런 동현이에게 최근 두 가지의 사건이 일어났습니다. 하나는, 유치원 수업 중에 동현이가 팬티에 변을 지린 일과 또 하나는, 유치원을 마치고 돌아온 동현이의 얼굴에 긁힌 상처가 생긴 일이지요.

유치원을 찾아간 엄마는 선생님께 물어봤지만 대변 사건은 아이가 마음을 다칠 것 같아 물어보지 못했다는 답과, 얼굴에 난 상처는 다른 아이와의 다툼이 있었는데 동현이가 전혀 대항을 하지 않아 그 아이를 야단치고 화해시켜 바로 다시 친하게 지내게 되었다는 대답을 들었습니다. 이 두 가지 사건을 경험하면서 동현이 엄마는 혼란에 빠지게 되었습니다.

상담실을 찾은 동현이와 나눈 대화 내용을 보시고 여러분도 한번 판단해 보세요.

"동현아, 유치원에서 대변 마려웠을 때 선생님께 왜 얘기를 못했니? 왜 그랬는지 말해 줄 수 있어?"

"수업 시간인데 저 때문에 방해되잖아요. 그냥 참다가 나중에 화장실에 가려고 했어요."

"참다가 그만 실례를 한 것이로구나. 그런데 팬티에 싼 다음에도 선생님께 말을 하지 않았다면서?"

"선생님과 아이들이 놀릴까봐 그랬어요."

"창피를 당할까봐 그랬구나. 그러면 친구가 때리는데도 왜 그냥 맞고만 있었지?"

"엄마가 아이들과 절대로 싸우지 말라고 했어요. 선생님도 남을 때리는 것은 나쁜 것이라고 했고요."

"네 말이 맞아. 그런데 남이 너를 먼저 때렸기 때문에 너도 때리는 것은 괜찮은 것 아니야?"

"그것도 때리는 거잖아요."

"그 친구가 밉지 않았니?"

"아니요. 선생님이 남을 미워하는 것은 나쁜 것이랬어요."

　동현이의 말은 구구절절이 맞는 말입니다. 이런 동현이의 반응과 태도를 어떻게 받아들여야 하나요? 동현이는 정말 천사 같은 행동을 보입니다. 그러나 동현이의 마음 깊은 곳도 천사와 같았을까요?

　동현이가 그린 사람 그림을 보면 '이빨'을 매우 강조했습니다. 그림에 그린 '이빨'은 지금 당장이라도 무엇을 물어뜯을 것 같은 느낌을 전해 주었습니다. 동현이의 마음 깊은 곳에는 자신을 괴롭힌 사람에 대한 적개심과 분노가 있습니다. 다만 아이는 그것을 의식적으로 느끼지 못해 말로 표현하지 않을 뿐 무의식적인 차원에서 나타나는 아이 마음에는 분명하게 자리 잡고 있었습니다.

　"어이구! 이 이빨로 누군가를 물어뜯을 수도 있겠네!"

　"그래서 그린 것이 아닌데요? 이빨을 못 닦아서 화가 난 건데요."

　동현이는 끝내 자신의 마음속 깊은 곳에 있는 부정적인 감정을 감추었습니다. 잔뜩 화난 얼굴을 하고 무섭게 이빨까지 드러낸 사람 그림이 자신의 속마음을 그대로 드러내는 것이 아니라 그저 이를 제대로 닦지 못해서 화가 나 있는 사람이라고 둘러댄 것이지요.

　동현이 엄마와 대화를 나눠 보기로 했습니다.

　"아이의 가장 큰 문제점은 무엇이라고 생각하세요?"

　"동현이는 자기표현을 잘 못해요. 남이 하자는 대로 다 합니다. 한마디로 양보심이 너무 많아요."

"동현이 어머니는 그동안 동현이를 어떻게 키우셨지요?"

"사실 그동안 제가 예의범절을 강조해서 키우기는 했습니다. 남에게 폐 끼치는 것을 개인적으로 아주 싫어하거든요. 선생님, 그래서 그럴까요? 도무지 자기주장이 없습니다. 그래서 너무 속상해요."

"동현이가 엄마 말씀을 잘 따르는 편이었나요?"

"그럼요. 물론 아주 어릴 적에는 말썽도 가끔 피웠지만 제가 야단을 치면 그 후로는 말을 잘 들어요. 저도 그래서 제 자식이지만 '참으로 착한 아이다' 라고 생각하면서 좋아했는데…… 결과가 이러니 참 난감해요. 그렇다고 마냥 받아주면서 야단을 안 칠 수도 없고……."

"야단을 치지 않고 무조건 받아주면 어떨 것 같아요?"

"예? 그러면 안 되지 않아요?"

"무조건 받아주기는 일반적으로는 바람직하지 않은 양육 태도입니다. 하지만 동현이의 경우는 좀 다릅니다. 엄마의 양육 태도 때문에 아이가 너무 자기 자신을 억제하는 것 같습니다. 아이가 무슨 말을 하든지 간에 그리고 무슨 감정을 표현하든지 간에 자유롭게 허용해 보세요. 그래도 아마 아이는 여전히 '착한 아이' 로 남아 있을 것 같은데요."

"정말 그렇게 될까요?"

엄마는 양육 태도를 바꾸었고 아울러서 친구에게 '싫어', '그러지 마' 하는 부정어를 사용하는 훈련이 병행되었습니다. 이른바 '행동 치료' 입니다. 집에서도 엄마와 아이는 '역할 연기'를 통해서 연습을 했습니다. 아이는 점차 변화했습니다.

만일 엄마가 아이의 '착한 아이 증후군'에 대해서 문제를 삼지 않고 그냥 넘어갔다면 혹은 오히려 긍정적으로 바라봤다면 어땠을까요? 추정컨대 아이의 미래는 극도로 불행해질 가능성이 높습니다.

'착한 아이'는 점차 '착한 친구'로 되고, 나중에는 '착한 사람'으로 고착될 것입니다. 결국 아이는 본래의 '자아'를 잃고 부모와 친구 등 주변의 사람들에게 버림받지 않으려고 마음의 가면을 쓰며, 불안한 '착한 아이'를 평생 연기(演技)하게 될 수 있습니다. 그리고 자칫하면 내면의 억압이 결국 극단적인 파괴적 행동으로 폭발할 수 있습니다.

얼마 전 미국 버지니아공대에서 발생한 재미교포 학생의 총기 난사 사건을 기억하십니까? 참으로 불행한 사건이었지요. 주위 사람 그 누구도 그 학생이 흉악한 범죄자가 되리란 사실을 짐작조차 못했다고 합니다. 평소에 얌전하고 공부도 곧잘 하는 착한 아이였고, 성장을 해서도 내성적이긴 했지만 그렇게 파괴적인 행동을 보이지는 않았다고 합니다. 하지만 그 학생이 쓴 글을 보면 억압된 현실 속에 파괴적인 내면이 숨어 있었던 것을 알 수 있습니다.

엄마와 아이의 '착한 아이 증후군' 지수 알아보기

'착한 아이 증후군'을 만들기 쉬운 부모의 양육 방식에는 몇 가지 공통점이 있습니다.

▶ 아이를 칭찬할 때 이유를 말하지 않고 '착하다'라고 칭찬한다.

▶ 과정보다는 결과를 중요하게 여긴다.

▶ 아이의 감정 표현을 자주 억누른다.

▶ 아이에게 끊임없이 더 잘할 것을 요구한다.

▶ 아이의 부족한 면을 인정하지 않는다.

▶ 아이 행동의 결과에 대해 지나친 감정 반응을 보인다.

▶ 내 자녀보다 다른 사람들의 감정이나 입장을 더 예민하게 생각한다.

스스로 점검해 봐서 과연 몇 개에 해당하는지 세어 보세요. 만일 한두 개 정도에 그친다면 다행이지만, 네 개 이상에 해당하면 양육 태도를 개선할 필요가 있습니다.

우리 아이의 '착한 아이 증후군' 지수는 어떨까요?

▶ 부정적인 감정 표현(싫음, 거절, 분노, 적개심 등)이 서툴다.

▶ 싫어도 좋다고 하는 등의 거짓 감정을 말한다.

▶ 이유 없이 두통, 복통 등의 신체적 증상이 나타난다.

▶ 부모의 눈치를 지나치게 살핀다.

▶ 자기주장 능력이 부족하다.

▶ 매사에 주눅이 들어 있다.

▶ 항상 자신감이 없다.

역시 한두 개에 해당된다면 다행입니다만, 네 개 이상에 해당된다면 적극적으로 개선해야 합니다. 개선 방법은 그렇게 어렵지 않습니다.

▶ 칭찬할 때는 그 이유를 함께 말해 자신의 행동에 대해 자긍심을 느끼게 한다.

▶ 결과가 좋지 않더라도 '노력' 하는 것 자체에 대해 칭찬을 해 준다.

▶ 아이가 울거나 화를 낼 때는 충분히 그 감정을 발산시키도록 한 후 그 이유를 물어본다.

▶ '잘한다' 는 말을 자주 해 주고, 앞으로 못하더라도 실망하지 말 것을 일러준다.

▶ 부족한 면을 먼저 인정하고 어떻게 개선할지 아이와 함께 생각해 본다.

▶ 아이의 행동에 과도한 감정적 반응을 삼가 아이가 죄책감을 느끼지 않게 한다.

▶ 아이의 실수와 잘못은 성장 과정의 통과의례임을 인정한다.

아이가 스스로를 독립된 존재가 아닌 남을 기쁘게 해 주는 존재로 자신의 가치를 매긴다면 과연 행복해질 수 있을까요?

지금 이 순간에도 '착한 아이 증후군'과 비슷한 현상에 시달리는 아이들이 존재하고 또 그 아이들 뒤에는 '착한 아이' 또는 '말 잘 듣는 아이'를 강요하는 부모님들이 있습니다. '착하다' 또는 '나쁘다'라는 식의 이분법적인 사고에서 벗어나 보세요.

부모 입장에서의 일방적인 지시를 내리면서도 아이가 그 지시대로 따르면 '착한 아이', 따라하지 않으면 '나쁜 아이'라고 얘기한다면 곤란하지요. 결국 아이는 부모의 사랑과 인정을 받기 위해 무조건적인 순응을 보이고, 이것이 다른 사람들과의 관계로까지 확장되어 '착한 아이 증후군'으로 나타나게 됩니다.

부모나 어른이 아이 성향을 너무 빨리 단정 짓는 것에는 문제가 있다는 것이 전문가들의 공통적인 견해입니다. 인성 발달 시기의 아이들은 경우에 따라 착한 아이가 되었다가도 나쁜 아이가 될 수도 있기 때문입니다.

결국 착한 아이를 너무 강조하다 보면 아이로 하여금 '착한 아이 증후군'에 시달리게 만들고, 나쁜 아이라는 것을 너무 강조하다 보면 아이의 자존감에 돌이킬 수 없는 깊은 상처를 주기 쉽습니다. 역설적이지만 우리 아이, '조금만 덜 착한 아이'로 키워 보세요.

가·면·우·울·증

가면을 쓰고 나타나는 아이의 우울함

어른들이 자주 하는 말 중에 '표정 관리' 라는 것이 있습니다. 마음속 엔 부글부글 화가 치밀어 올라도 겉으론 미소를 띠거나, 속으론 좋아서 어쩔 줄을 몰라 하지만 겉으론 애써 웃음을 참거나 슬픈 표정을 짓기도 합니다. 일종의 가면인 셈이지요.

가면은 어른들만 쓰는 것이 아니라 우리 아이들도 종종 씁니다. 이른바 '가면우울증(Masked Depression)'이 대표적인 경우입니다. 본시 우울증의 전형적인 모습은 이유 없이 기분이 가라앉았거나 항상 어깨가 축 처져 있고 얼굴에 그늘이 보입니다. 재미있는 일에도 별로 웃지 않고 반응이 무덤덤하지요.

그런데 우울증을 앓고 있는 아이는 어른들의 우울증과는 다른 양상을 보입니다. 비교적 생활을 잘하던 아이가 사춘기를 겪을 즈음에 갑자기 부모에게 대들고, 이유 없이 짜증을 내는 모습을 종종 볼 수 있습니다.

심하면 부모나 어른들에게 막무가내로 반항하며 난폭해지거나, 때로는 탈선과 비행을 저지르기도 하지요. 이쯤 되면 부모는 한 번쯤 '가면 우울증'을 의심해 보는 것이 좋겠습니다.

청소년기의 우울증 환자는 어른들의 우울증처럼 슬퍼 보이지 않고, 오히려 폭력적인 모습으로 보이기 때문에 마치 가면을 쓴 것과 같다고 해서 '가면우울증'이라 얘기합니다.

중학교 1학년인 혜미는 아빠에게 손찌검을 당한 이후 가출을 무려 여덟 번이나 했습니다. 그리고 공부를 하지 않는 것은 물론이고 친구들과 어울려서 술을 마시고 담배까지 피웁니다. 걷잡을 수 없이 번져 나간 혜미 문제로 집은 거의 아수라장이 되고 말았지요.

결손 가정이 아니라 아주 평범한 혜미네 가정에서 지난 8개월 동안

마치 꿈처럼 정신없이 일어났던 상황입니다. 아빠는 아이에게 손찌검한 것을 후회하고는 있지만, 아직도 딸의 그러한 행동을 이해하지 못하고 있습니다.

엄마는 딸 걱정에 하루하루를 노심초사, 눈물과 걱정과 한숨으로 보냅니다. 우여곡절 끝에 어느 날 엄마와 혜미가 병원을 찾아왔지요. 병원문을 들어서면서부터 눈물을 보이던 엄마에게 혜미가 신경질적으로 던진 첫말은 이러했습니다.

"아이, 엄마! 그만 좀 울어. 남들이 보면 내가 엄마를 괴롭히는 사람인 줄 알겠어. 이제 그만 불쌍한 척하고 본 모습 좀 보여."

"혜미야, 엄마의 본 모습이라니?"

"엄마가 집에서는 저에게 막 욕하고 그래요. 아, 그런데 지금 선생님 앞이라고 울면서 불쌍한 척하잖아요. 정말 짜증나요!"

"무슨 일이 있는지는 모르겠지만 네가 좀 심하게 말하는 것 같다."

"아, 몰라요!"

"선생님, 애가 이래요. 이젠 정말 공부고 뭐고 다 필요 없고 사람만 되면 좋겠어요."

"아, 엄마! 정말 왜 그래? 그럼 내가 사람이 아니란 말이야?"

도대체 혜미가 왜 이렇게까지 엄마를 미워할까 의구심이 들었습니다. 엄마를 잠시 나가시게 한 후 혜미에게 물었습니다.

"엄마가 가장 싫을 때가 언제야?"

"아, 다 싫어요."

"그럼 가장 좋을 때는?"

"아, 없어요."

"좋아. 그럼 조금 덜 싫을 때는?"

"나 안 건드릴 때……."

"주로 어떻게 건드리는데?"

"나가지 마라, 개랑 놀지 마라, 핸드폰 그만 해라, 남자 조심해라 등등 끝도 없어요."

"엄마 입장에서는 그런 말 할 수 있는 것 아니야?"

"할 수야 있겠죠. 그런데 성노섯 해야쇼."

"그래, 알았어. 그럼, 엄마가 좋을 때는 없니?"

"좋을 때요? 간식 챙겨 주고 먹으라고 할 때."

"그런데 너는 초등학교까지는 공부도 잘하고 부모님 말씀도 잘 들었다고 하던데?"

"누가 그래요?"

"누구긴? 너네 부모님이지."

"아, 옛날에는 그랬지요. 아, 그때는 정말 게임하고 싶어도 참고, 하도 무섭게 하니까. 그때는 어렸으니까 아무 생각 없이 하라는 대로 했잖아요."

"그럼 이젠 컸으니까 부모님 말씀 안 듣는 거야?"

"내 생각을 완전히 무시하잖아요. 아, 내가 공부만 할 수는 없잖아요. 그런데 엄마는 공부만 하라고 하잖아요. 친구들도 만나지 못하게 하니까 내가 그런 거예요."

"너, 평소의 기분은 어떤 편이니?"

"기분요? 잘 모르겠는데요."

"잘 생각해 봐."

"별로 좋지 않을 때가 많아요."

"그러면 어느 때 기분이 좋을까?"

"친구들과 있을 때, 놀 때."

"기분이 안 좋을 때는?"

"집에 있을 때요."

"우울하지는 않니?"

"아니요, 별로 우울하지는 않아요."

우울증이 있는 아이들은 '우울하다'고 말하는 대신에 '짜증이 난다', '기분이 안 좋다', '집에 있으면 답답하다', '부모와 함께 있으면 짜증이 난다'라는 표현을 하곤 합니다.

혜미는 초등학교 때 성적은 꽤 우수했고, 부모님의 말씀 또한 잘 듣는 착한 아이였습니다. 그런 혜미에게 부모가 많은 기대를 했던 것은 어쩌면 매우 당연했겠지요? 하지만 중학교에 들어가서부터는 생각만큼

성적이 잘 나오지 않았나 봅니다.

혜미는 나름대로 열심히 해서 성적을 올리려고 했지만 쉽지 않았다고 하네요. 혜미는 본래 잠이 많은 편이었는데 아이의 성적에 초조함을 느낀 엄마는 '잠 좀 그만 자라'는 잔소리를 많이 했다고 합니다.

엄마의 이런저런 잔소리가 심해지면서 혜미는 엄마의 목소리만 들으면 히스테리칼한 반응을 보였고, 계속되는 아빠의 설교에는 아예 귀를 닫아 버린 채 들으려고도 하지 않았습니다.

엄마 말에 대들고, 아빠 말을 무시하는 혜미의 행동에 화가 치밀어 오른 아빠는 결국 손찌검을 하게 되었던 거지요. 아빠의 손찌검은 바로 혜미의 가출로 이어졌습니다.

아이들은 일탈적인 행동을 할 때 묘한 쾌감과 짜릿함을 느낍니다. 바로 그 순간에 아이의 뇌 안에서 '도파민(dopamine)'이라는 신경전달 물질이 분비되지요. 도파민의 별명은 '쾌감 호르몬'입니다.

아이는 평소 기분이 좋지 않고, 무엇인지는 모르겠지만 저조하다거나 짜증이 난다는 자신의 기분을 없애기 위해서 비행을 저지르는 것입니다. 바로 이것이 청소년기 우울증이 가면을 쓴 채 나타나는 이유입니다.

잠깐만 상황을 거슬러 올라가 혜미네 문제를 살펴보면 이렇습니다. 공부를 잘해 부모의 기대를 많이 받던 아이가 어느 날부터 성적이 떨어지기 시작합니다. 성적이 떨어지는 딸아이를 보며 마음이 조급해진 부모는 아이에게 조금씩 역정을 내기 시작하지요. 특히 잠이 많던 혜미에게 '잠'은 잦은 잔소리의 꼬투리를 제공하게 됩니다. 막 사춘기에 접어든 혜미는 엄마의 잦은 잔소리와 스스로에 대한 실망감 때문에 짜증과 반항적인 행동을 보입니다. 그동안 단 한 번도 보지 못했던 아이의 거친 반응을 보자 아빠가 그만 순간적으로 손찌검을 하게 되고 이는 혜미의 반복되는 가출로 이어지게 됩니다.

정말 힘든 상황입니다. 이럴 때 우리 부모들은 어떻게 자녀들을 대해야 할까요?

사랑은 표현이 필요하다

아이의 학교 성적은 정말로 중요합니다. 성적이 대학을 결정짓고 대학이 취업의 잣대가 되며 좋은 회사에 취직하는 것이 아이의 미래를 보장해 줄 것이란 믿음은 부모로서 너무나 당연한 것입니다. 잔소리를 해서라도, 야단을 쳐서라도, 또한 밤 11시, 12시까지 학원을 다니며 힘들어하는 아이의 모습을 가슴 아프게 지켜볼 수밖에 없더라도 엄마들은 기꺼이 그렇게 합니다.

그 누구도 대한민국의 이런 엄마를 탓할 수는 없겠지요. 그렇지만 너무 일방적으로 아이를 몰아붙인다면 부작용이 따를 수 있습니다. 성적이 떨어지면 제일 먼저 힘들어하는 건 바로 아이들입니다. 만약에 혜미의 엄마가 성적이 떨어진 혜미에게 "그래, 너무 실망 마. 성적이 내려갈 수도 있지 뭐. 다음 시험엔 좋아질 거야" 하며 혜미의 등을 토닥거려 주었다면 어떻게 되었을까요?

잠 많은 아이에게 "아휴, 우리 예쁜 딸 혜미, 공부하느라 잠이 부족해서 어떡해?" 하면서 아이 몰래 책가방 속에 영양제와 함께 사랑하는 마음이 담긴 쪽지 한 장 같이 넣어 주었다면 어떠했을까요?

> 사랑하는 우리 딸 혜미야!
> 공부하느라 많이 힘들지? 네가 힘들어 지쳐 잠든 모습 보면
> 엄마 마음이 너무 아프다. 지금 잠시 힘든 건 네 꿈을 펼치기
> 위한 준비 과정이라 생각하렴. 엄마가 대신해 줄 수 있는 게
> 아무것도 없어서 미안하구나. 엄마 아빠의 딸로 태어나 줘서
> 너무 고마워!

순간적으로 끓어오르는 '화' 때문에 아이에게 손찌검을 한 그날 밤 불 꺼진 아이 방에 들어가 아이의 머리를 어루만져 주고 이마에 뽀뽀 한 번 해 주거나, 곱게 이불을 덮어 주고 나왔다면 어떻게 되었을까요?

자는 척했던 아이는 문을 닫고 나가는 아빠의 뒷모습에 소리 없이 눈물을 흘렸을 것입니다. 그리고 엄마, 아빠에게 심하게 굴었던 자신을 돌이켜보고 자신의 마음을 다잡을 것입니다. 그리곤 변함없는 엄마, 아빠

의 사랑을 확인하고 편안한 잠에 빠졌겠지요.

어쩔 수 없이 벌어지는 아이들과의 실랑이 끝에는 반드시 그 상처를 보듬어 주는 치유의 과정이 꼭 필요합니다. 약간 닭살이면 어떻습니까? 내 아이를 위한 것이고 가족의 행복을 위한 것인데 그 정도는 해내셔야지요.

"네가 집에 돌아와서 참 좋다. 잘했어!"

"한 번만 더 가출해 봐, 다리몽둥이 분질러 놓을 테니."

가출했다 돌아온 자녀에게 어떤 말을 해야 또 다시 집을 나가는 일을 막을 수 있을까요?

귀가가 항상 늦은 아이에게 "오늘 일찍 들어왔네? 다음에는 조금만 더 일찍 오면 엄마는 참 좋겠다"라고 말씀해 보세요. 처음에는 아이가 어리둥절해하거나 또는 "엄마, 어디 아프셔?"라며 빈정거려도 아마 속으로는 '어! 이것 봐라. 엄마가 좀 달라졌네!' 라고 긍정적으로 받아들일 것입니다. 이것이 변화의 시작입니다. 아이의 사소한 변화에 주목하시고, 또 변화를 아무도 눈치 못 채게 서서히 유도해 보세요. 다시 한 번 연습해 볼까요?

"너, 뭐하다가 늦게 들어왔어?"가 아니라 "공부하느라고 오늘 하루도 피곤했지? 수고했다. 어서 가서 쉬어라"라는 말로 자녀를 맞이해 보세요.

사춘기 시절이 다들 어렵다고는 하지만 의외로 사춘기 시절에 별다른 홍역 없이 넘어가는 아이들도 많이 있습니다. 그러한 아이들의 뒤에는 언제나 '자녀와 친한 부모들'이 있습니다. 아이에게 괜히 친한 척 한 번 말을 걸어 보세요.

출근하는 아빠,

"혜미, 오늘 헤어스타일이 괜찮은데? 남자친구 생겼나봐."

학교 보내는 엄마,

"공부하다 힘들면 그냥 들어와. 우리 혜미가 좋아하는 요리 만들어 줄게."

그냥 속는 셈 치고 웃으면서 얘기해 보세요. 아이와 좋았던 시절을 떠올려 보면서 말입니다. 한두 번의 얘기에 큰 반응을 보이지 않을 수도 있습니다. 하지만 이 말을 듣는 아이의 뇌 속에서는 긍정과 행복의 '도파민'이 올라가는 소리가 마구 들려올 것입니다.

세상 모든 것이 걱정인 아이

아이들 중에 유독 걱정을 많이 하는 아이가 있습니다. 이건 이래서 걱정이고, 저건 저래서 걱정, 매사에 걱정 투성이입니다.

신중하고 어른스럽다고 생각될 수 있으나 다양한 경험을 해야 할 아동기에는 아이의 행동반경을 좁히고 소심한 아이로 성장하는 원인이 되기도 합니다. 경우가 좀 심한 아이는 걱정거리가 생기면 울음부터 터뜨리기도 합니다. 걱정이 되어서 우는 아이에게 야단을 칠 수도 없고, 매번 달래는 것도 괜찮은지 그야말로 걱정됩니다.

초등학교 3학년인 영수는 수업 시간에 난데없이 울음을 터뜨려서 깜짝 놀란 선생님이 그 이유를 물어봤습니다. 그랬더니 영수의 대답이 "엄마가 도망갈까 봐서요"였습니다.

선생님께 이 얘기를 전해들은 영수 엄마는 놀란 가슴을 쓸어내리면서 상담하기 위해 저를 찾아왔습니다.

영수는 어려서부터 '걱정꾼'이었습니다. 어려서부터 겁이 많아서 새로운 장소에 가서는 잘 돌아다니지 않았고, 수영장에 가서도 깊이가 매우 낮은 물에서만 놀았지요. 엄마는 아이의 마음이 여리고 소심하다고 생각했지만 내심으로는 크게 염려하지 않았습니다. 조심성이 많은 성격이니 최소한 안전사고는 나지 않을 것이라는 생각 때문이었지요.

영수는 점차 커가면서 걱정거리에 더해 '잔소리'가 추가되었습니다. 여섯 살 때는 엄마가 물건을 많이 사는 것을 보면서 "엄마, 그렇게 돈을 많이 쓰면 우리 가난해지잖아. 좀 아껴 쓰세요"라고 말했지요.

엄마는 깜짝 놀랐지만 우습기도 하고 대견스럽기도 했습니다. 영수는 잠을 자기 전에 꼭 가스불이 잠겼는지, 현관문이 제대로 잠겼는지, 수도꼭지가 제대로 잠겼는지를 확인했습니다. 처음에는 엄마에게 확인하는 질문을 던졌다가 어느 순간부터는 본인이 직접 확인하는 행동을 보였지요. 게다가 초등학교에 입학하고 나서는 각종 시험을 앞두거나 치르고 난 다음에 상당한 걱정을 했습니다.

"시험 망치면 어떡해, 엄마!"

"자신이 없어."

또 어느 날 TV 뉴스에서 화재 사건의 장면이 나오자, '우리 집에도 불나면 어떡하나' 하는 걱정으로 며칠 동안 고민하는 경우도 있었지요.

그런데 문제는 영수가 학습을 하면서부터 발생했습니다. 비교적 머리가 영특했던 영수는 엄마의 가르침에 곧잘 이해를 했고, 이에 엄마는 큰 기대를 가지게 되었지요. 그러나 영수 또한 노는 게 제일 좋은 어린 아이인지라 때로는 공부에 싫증을 내기도 했습니다. 그때마다 엄마는 이렇게 말했습니다.

"너, 그렇게 공부 안 하면 안 돼! 커서 좋은 대학 못 간다. 잘못하면 거지가 될지도 몰라."

아이에게 불안감을 심어 주는 대표적인 말입니다.

학교에서의 울음 사건 또한 직접적인 이유가 있었습니다. 엄마는 바로 전날 말을 잘 듣지 않고 숙제를 게을리 하는 영수에게 협박성 발언을 했습니다.

"영수야! 네가 이렇게 엄마 말을 듣지 않고 공부도 열심히 하지 않으면 엄마가 너무 힘들어. 그러면 엄마는 너를 안 키우고 도망갈 거야."

이 말에 충격을 받은 듯 아이는 이내 얌전해졌고 숙제도 열심히 했습니다. 그러나 다음 날 걱정 많은 영수의 머릿속에는 계속적으로 엄마의 충격적인 발언이 맴돌았을 것이고 급기야 '내가 집에 갔을 때 엄마가 도망가 버리고 없으면 어떡하지?' 라는 불안감에 휩싸이게 된 것입니다.

영수가 보이는 증상이 바로 '범불안장애(Generalized Anxiety Disorder)' 입니다.

지나친 걱정과 불안으로 인해 생기는 '범불안장애' 는 심각한 정신적 고통과 더불어 학업 능력이 현저하게 떨어지거나 대인 관계가 원만하지 못한 부작용을 가져옵니다.

공부에 대한 걱정을 많이 하기 때문에 더 열심히 공부해서 성적이 잘 나오는 것이 아니라 그 때문에 오히려 집중을 하지 못해서 성적이 더 떨어질 수 있다는 것이지요.

영수가 겪는 '범불안장애' 에는 몇 가지 원인이 있었습니다.

첫째, 부모가 영수에 대해서 지나치게 높은 기대를 했기 때문입니다. 영수는 부모의 높은 기대를 충족시킬 수 있을까 늘 걱정을 할 수밖에 없었을 것입니다.

둘째, 부모가 아이에게 불안을 유발시키는 말을 많이 했기 때문입니다.

"공부를 열심히 하지 않으면 나중에 거지가 된다"는 말 외에도 "집 밖에서는 늘 조심해야 해. 차에 치이면 큰일 난다. 잘못하면 죽어", "가스를 잠그지 않으면 폭발할 수 있으니까 꼭 잠가야 해" 등의 말로부터 아이의 증상이 상당 부분 유발되었습니다. 아이가 실제 가스나 문단속을 하는 행동은 결국 부모의 주의로부터 시작되었으니까요.

셋째, 유전적인 요인이 있습니다. 실제로 영수의 아빠 역시 걱정을 많이 하는 편이었고, 엄마는 과거에 '공황장애'라는 불안장애를 앓았던 경험이 있었습니다.

영수는 치료를 받으면서도 별의별 걱정을 다 했습니다.

"치료비가 비싼데 우리 집이 괜찮은 것이에요?"

면담 시간에 책상 옆 비상벨을 발견하고서는 또 걱정이 앞섭니다.

"선생님, 비상벨을 울려도 경찰이 오다가 차가 막히면 어떡해요?"

실수 없는 아이가 똑똑한 아이는 아니다

'범불안장애'까지는 아니어도 매사에 걱정이 많은 우리 아이, 어떻게 하면 적극적이고 대범한 아이로 키울 수 있을까요?

첫째, 아이의 기대 수준을 낮춰 주세요.

아이의 높은 기대 수준 뒤에는 부모의 높은 기대 수준이 있습니다. 다시 말씀드리면 부모의 평소 훈육 태도와 가치관이 매우 중요하게 작용합니다. "너는 이다음에 커서 판검사나 의사가 되면 좋겠다"라는 말을 했다면, "건강하고 행복한 사람이 되면 좋겠다"라는 말로 대신해 보세요. 특정 직업이나 대학, 또는 과목에 대한 강조는 아이에게 불안감을 조성할 수 있습니다. '내가 과연 판사가 될 수 있을까?', '서울대에 들어가지 못하면 어떡하지?', '수학은 너무 어려운데 점수가 안 나오면 어떡해'라는 걱정이 아이의 머리를 맴돌게 됩니다.

둘째, 실패를 경험하게 해 주세요.

걱정이 많은 아이들은 실패에 대한 두려움이 큽니다. 그러다 보니 실패가 예상되는 과제에는 아예 도전조차 하지 않으려고 하는 경우가 생길 수 있지요. 이럴 때는 '실패는 별것 아니다', '실패해도 야단맞지 않는다'는 믿음이 필요합니다. 따라서 가벼운 실패 상황을 자주 경험하게 해 주어서 실패에 대한 면역력을 길러 줘야 합니다. 역설적으로 '즐거운 실패'는 더욱 좋습니다.

처음 인라인 스케이트를 타는 상황에서 걱정이 많은 아이의 경우 다칠까봐 혹은 창피를 당할까봐 절대로 나서지 않습니다. 그러나 무모하리만치 과감한 아이들은 제멋대로 타다가 '꽈당' 하고 넘어지지요. 그 순간에 이미 절반은 학습한 셈입니다. 안전사고가 우려되기 때문에 내키지 않는다는 생각이 드는 부모님이 계시다면 이미 아이에게 불안에 대한 원인 제공을 하는 셈입니다.

셋째, 아이의 걱정에 말려들지 마세요.

아이가 걱정할 때 부모가 옆에서 함께 걱정하는 경우가 꽤 많습니다. 이른바 '불안한 가족'입니다. 불안한 감정은 꽤나 전염력이 강해 여러 사람 중 한 사람의 강한 불안감은 전체를 불안감에 휩싸이게 하기도 합니다. 아이의 걱정거리에 부모가 동조하기보다는 '안심시키기'가 우선이 되어야겠지요.

"엄마, 우리 집에 도둑이 들면 어떡해?"

이렇게 아이의 마음이 불안할 때는 다음과 같이 말씀해 주세요.

"우리 집에는 절대 도둑이 오지 않아. 문도 잘 잠갔고, 아빠와 엄마가 지키고 있는데 어떻게 감히 도둑이 오겠니? 안심해도 돼."

아이가 적어도 고개를 끄덕이고 안심하는 표정을 지을 때 비로소 상황을 마무리하는 것도 필요합니다. 물론 아이는 다음 날 또는 몇 시간 후에 같은 질문을 할 수도 있습니다. 그때도 마찬가지의 반응을 보이셔야 합니다. 엄마의 '안심시키기'의 약효가 적어도 몇 시간 또는 하루는 지속되었다는 것을 의미하니까요.

누군가가 이런 말을 했지요.

"우리가 하는 걱정거리의 40%는 절대 일어나지 않을 사건들에 대한 것이고 30%는 이미 일어난 사건, 22%는 별일 아닌 사소한 일, 4%는 걱정해도 바꿀 수 없는 일이다."

즉 우리가 하는 96%의 걱정거리가 안 해도 되거나 해도 소용없는 걱정거리인 셈입니다. 사실 이 이야기는 아이들뿐만 아니라 어쩌면 어른들이 더 새겨들어야 할 말이 아닌가 생각합니다.

또 한편으로 생각하면 우리의 삶에 있어서 '걱정'은 때때로 필요하기도 합니다. 적당한 걱정거리는 사람을 분발시키는 원동력이 되기도 하지요.

'시험'에 대한 걱정이 없다면 아마도 학생들이 그렇게 열심히 공부하지는 않겠지요. 또 '가족 부양'에 대한 걱정이 없다면 우리 아빠들이 그렇게 열심히 일하지 않을 수도 있겠지요. 하지만 '과유불급'이라고 지나치면 부족한 것만 못한 게 '걱정'이 아닐까 생각됩니다. 특히 어린 아이에게는 불안감과 상처를 치유할 수 있는 능력이 부족하기 때문에 더더욱 세심한 배려가 필요합니다.

걱정과 불안감 속에서 성장한 아이들의 대부분은 성인이 되어서도 소극적이고 내성적인 성격이 될 수밖에 없습니다. 이는 아이들이 성장해서 사회생활을 시작할 때, 출발부터 성격적인 약점을 안고 경쟁해야 하는 불편과 손해를 감수해야 합니다.

실수하는 아이가 아름답습니다. 아이들은 실수를 통해서 배우고 성장합니다. 사랑하는 우리 아이, 실수에 대한 두려움과 일어나지 않을 미래의 일에 대한 걱정으로부터 해방시켜 주세요.

아이의 슬픔은 치유가 필요하다

애 · 도 · 우 · 울 · 증

'상실감'은 아이들에게 깊은 상처를 줍니다. 부모에게 꾸중을 듣고 우는 것은 꾸중에 대한 아이의 물리적 반응이라는 표면적 현상 외에 상실의 슬픔이 아이 내면에 있기 때문입니다. 즉 자신이 어른들의 기대를 충족시키지 못했고 그 결과 어른들의 칭찬 내지는 사랑을 '상실했거나 상실할 수도 있다'라는 상처를 받는 것입니다.

애 도 우 울 증 51

또한 자신이 기대한 만큼 시험 성적이 잘 나오지 않는다면, 이 역시 자신의 능력 또는 자신감에 대한 '상실'의 상처를 받지요.

윤지는 어려서부터 기질적으로 매우 얌전하고 내성적인 아이였습니다. 부모님은 윤지가 온순한 것에 대해서 만족스럽게 여기다가 3~4세쯤 되면서부터는 달리 생각하게 되었습니다. 적극적이고 활달한 딸을 기대했던 것이죠.

사실 윤지의 부모님도 두 분 다 조용하고 말씀이 별로 없는 내성적인 사람입니다. 그러나 부모 생각에 이 험난하고 경쟁적인 사회에서 살아남기 위해서는 자신들과는 다르게 아이를 강하게 키워야 한다고 생각했지요. 그래서 윤지의 생각과는 상관없이 운동과 구연동화를 시키는 등 적극성을 키우는 데 주력했지요. 그런데 도무지 윤지는 따라주지 않았습니다. 겁이 많은 윤지는 무서워 축구공에 발도 대지 않으려고 했지요. 운동 신경이 별로 없는 윤지에게 축구는 고역일 수밖에 없었습니다.

또 윤지가 인형을 갖고 놀기보다는 로봇 놀이를 하길 원했고 그럴 때마다 착하고 순한 윤지는 고개를 끄덕이며 엄마의 요구에 응했습니다. 과연 그때 윤지의 속마음은 어떠했을까요?

"엄마! 저는 로봇보다 인형 놀이가 더 좋아요"라고 말하고 싶었을 것입니다.

하지만 윤지는 엄마의 사랑과 관심을 상실할지 모른다는 두려움에 거짓 감정으로 엄마의 의견에 동조를 한 것이지요. 간혹 윤지가 엄마의 말을 거역할 때는 예외 없이 엄마의 꾸지람이 돌아왔고, 윤지는 하염없이 눈물을 흘렸습니다. 윤지가 울보가 된 것은 이처럼 칭찬에는 인색하고 꾸지람만 늘어놓는 부모의 양육 태도가 한몫했습니다.

윤지는 급기야 '소아우울증' 진단을 받게 되었지요. 처음에 부모님은 '소아우울증'이라는 진단명을 전해 듣고서 깜짝 놀랐습니다.

"아니, 아이들도 우울증에 걸리나요? 보통 우울증이라고 하면 어른한테 생기는 것 아닙니까? 아이들이 뭐 그리 힘든 일이 있다고…….”

"아이들은 어른들이 생각하는 것 이상의 스트레스를 받습니다. 어른들이 별것 아니라고 생각하는 사소한 말 한마디와 행동이 아이에게 커다란 마음의 상처를 줄 수 있지요. 물론 여기에는 아이의 '취약한 (vulnerable)' 기질도 작용합니다.”

"저도 어릴 적에 잘 울기도 했고 참 소심했는데…… 윤지만큼은 나와는 다르게 키우려고 일부러 야단도 치고 했는데…… 제가 아이 입장은 생각하지 않고 욕심만 부렸나 봐요.”

말을 마친 윤지 엄마는 울음을 터뜨립니다.

강아지 몽이의 장례식

부모 또는 친구와의 관계에서 '사랑의 상실'로 인한 슬픔 외에 아이들이 겪는 또 다른 '상실'이 있습니다. 특히 요즘은 애지중지 키웠던 강아지나 고양이 등 애완동물의 죽음에 상처를 입는 아이들도 많이 있습니다.

희진이는 초등학교 4학년 여학생입니다. 2주일 전에 키우던 강아지 '몽이'가 아파서 동물병원에 데려갔는데 이틀 만에 그만 죽고 말았습니다. '몽이'를 잃은 희진이는 밥도 잘 먹지 않고 하루 종일 울기만 했습니다. 울다가 지쳐 잠이 들면 자다가 깨서 또 우는 등 비정상적인 모습을 보였습니다. 하루 이틀 그러다 말겠지 생각했던 부모님은 계속되는 아이의 모습에 걱정이 되어 저를 찾아왔습니다.

"처음에는 우리 희진이가 마음이 여려서 그럴 수도 있다고 생각했어요. 우리도 슬펐으니까요. 그런데 밥도 안 먹고 그러고 울고만 있으니 나중에는 화가 나서 제가 조금 야단을 쳤습니다. 강아지 한 마리 죽었다고 정신 못 차리고 울기만 하면 나중에 더 큰일이 닥쳤을 때 어떻게 헤쳐 나갈까 걱정이 되었지요. 그랬더니 아이가 저희 앞에서는 울음을 그치더라고요. 한동안 아이가 거실에 나오지 않아서 아이 방문을 열고 들어가 보았더니 세상에, 아이가 이불을 뒤집어쓴 채 계속 울고 있더라고요. 기가 막히더군요."

"몽이 장례식은 치러 줬나요?"

"예? 장례식이요?"

"희진이는 지금 '애도반응(Grief Reaction)'을 겪고 있습니다. 애도반응이란 말 그대로 죽은 사람에 대한 애도를 하는 과정을 말합니다. 아이에게 몽이를 떠나보낸 것에 대해서 충분하게 슬픔을 표현할 수 있는 기회를 주어야 합니다."

"아니, 그러다가 계속 그러면 어떡하죠? 학교 다니는 데 지장 있을까 봐 걱정돼요."

"그렇지 않을 겁니다. 아이가 충분히 슬퍼하고 마음껏 울게 내버려 둬야 오히려 힘든 기간이 짧아집니다. 만일 지금 충분하게 애도의 과정을 거치지 않는다면, 아이의 마음속에는 감정의 찌꺼기가 남아 있어서 더 오래 갈 수 있습니다. 한마디로 말씀드려서 아이가 슬픈 감정을 느낄 때는 마음껏 울게 하는 것이 제일 바람직합니다."

희진이 부모님은 희진이에게 이렇게 말해 줬답니다.

"미안해! 엄마는 너의 슬픔을 잘 몰랐구나. 슬프면 울어도 괜찮아. 울고 싶으면 몽이 생각하며 맘껏 울어. 그리고 몽이와 즐겁게 지냈던 순간을 떠올려 봐. 기분이 좀 나아질 거야. 만일 몽이를 괴롭혔거나 못해 줬던 것이 생각나면, '몽아, 그때 잘해 주지 못해서 미안하다' 라고 얘기해 봐."

얼마 후 희진이의 입가에 작은 미소가 번졌고 아이의 마음은 훨씬 더 가벼워 보였습니다. 우리는 함께 몽이가 천국에 갈 수 있게끔 기도를 했습니다. 그리고 부모님은 집에 가서 몽이 장례식을 치를 것이라고 하더군요. 장례식이라고 해서 거창하게 할 필요는 없고 '우리가 몽이를 사랑했기 때문에 경건한 마음으로 떠나보낸다' 는 뜻에서 하는 것임을 알려 드렸지요. 그리고 희진이에게 몽이에게 마지막 이별 편지를 쓰는 것이 어떻겠냐는 제안을 했고, 아이는 그러겠노라고 대답했습니다.

1주일 후에 희진이의 부모님에게서 전화 연락이 왔습니다. 희진이가 예전의 밝은 모습을 되찾았다는 즐거운 소식을 전해 주었지요. 물론 희진이 엄마의 목소리도 아주 밝았습니다.

아주 특별한 우울

애도우울증이 특이하게 나타나는 경우도 있습니다. 얼마 전 초등학교 4학년인 정희는 엄마와 함께 도로를 건너다가 끔찍한 자동차 사고를 당했습니다. 불행하게도 어머니는 현장에서 돌아가셨고, 불행 중 다행으로 정희는 가볍게 다친 정도였습니다.

정희는 엄마가 돌아가시는 순간을 목격했던 충격에 빠져 1주일 내내 울기만 했습니다. 그러나 신기하게도 1주일이 지나자 울음을 그치고 오히려 아무렇지도 않은 듯이 지냈습니다. 이를 본 외할머니나 이모는 아이에게 서운함을 느낄 정도였지요.

"아니, 그렇게 자기를 예뻐해 줬던 엄마가 돌아가셨는데 저렇게 잠이 오고 밥이 먹힐까?"

도무지 정상이 아니라고 생각을 하셨겠지요.

사고가 난 지 2주 만에 저와 첫 대면한 정희는 제가 보기에도 슬픈 기색이 별로 보이지 않았습니다. 그런데 면담 중에 특이한 현상이 발견되었습니다. 아이가 마치 엄마의 죽음을 완전하게 인식하지 못하는 듯 느껴졌습니다. 초등학교 4학년 여학생이라면 죽음의 의미를 완전하게 이해했을 나이인데 말입니다.

"정희야, 소원이 있으면 세 가지만 말해 볼래?"

"제 소원은 아빠랑 오래 행복하게 사는 것이고요, 엄마가 다시 태어나는 것, 그리고 엄마가 다시 태어나면 아빠랑 나와 함께 근사한 아파트에서 사는 것이요."

"그래? 엄마가 다시 살아 돌아오실 수도 있니?"

"예, 그럴 수도 있어요. 요새 엄마랑 같이 노는 꿈을 많이 꾸거든요."

그랬습니다. 정희의 마음은 엄마를 잃은 데 대한 상실의 슬픔으로 가득 차 있었습니다. 안타깝게도 극도의 슬픔이 눈물을 흘리는 단계를 지나서 현실을 부정하는 단계로까지 발전한 것입니다. 너무나도 사랑했던 엄마의 죽음을 받아들이기 힘들어서 무의식적으로 '부인(denial)'하고 있는 상태인 것입니다.

깊은 슬픔의 감정 반응에서 격리되어 마치 아무렇지도 않은 듯이 생활하고 있으나 예전보다 많이 먹고 잠만 자는 것은 우울증에서 나타날 수 있는 증상이었습니다. 게다가 엄마의 사고 직후 학습에 전혀 집중하지 못한다는 것 역시 우울증에서 나타날 수 있는 증상이지요.

엄마가 남기고 간 핸드폰을 항상 몸에 지니면서 집착적인 태도를 보이는 것 역시 엄마의 상실감과 부재감을 이기기 위한 무의식의 노력입니다. 그리고 이모에게 계속적으로 문자 메시지를 보내면서 자신의 행동에 대한 허락을 구하거나 또는 상황에 대해서 알리는 것은 죽은 엄마를 대신할 만한 의존 상대를 갈구하는 모습이었지요.

사랑하는 사람의 죽음을 맞게 되면 누구나 다 '애도과정 (Bereavement 또는 Mourning Process)'을 겪게 됩니다. 그러나 슬픔의 정도가 심각하여 일상생활의 수행에 지장을 주거나 그 기간도 2개월 이상 지속될 때는 애도우울증일 가능성이 높습니다. 특히 자신이 죽지 않았다는 것에 대해서 심한 죄책감을 느끼고 괴로워하거나 또는 환각이나 망상 등의 증상이 동반된다면 애도우울증일 수 있습니다.

도움이 필요한 아이들의 슬픔

우울증이나 애도반응은 아니지만 우리 아이가 평소 눈물을 잘 흘린다면 어떤 말들을 해 주는 것이 좋을까요? 먼저 아이에게 눈물을 참기보다는 흘리지 않는 방법을 함께 찾아보자고 제안하세요.

첫째, 아이가 언제 눈물을 흘리는지 같이 생각해 보세요.

어려운 문제를 풀지 못했을 때 실망해서 우는지, 부모님에게 꾸중 들을까봐 두려워서 우는, 친구가 놀렸을 때 분해서 우는지에 따라서 대처 방법이 달라지니까요. 무엇 때문에 힘이 드는지 스스로 깨닫는 것이 중요합니다. 그리고 실제의 대처 방법에 대해서 부모와 아이가 함께 머리를 맞대고 연구하세요.

둘째, 엄마 아빠에게 '나의 슬픈 마음'을 알리라고 하세요.

혼자서 몰래 눈물을 흘리거나 참는 것보다는 부모님에게 '힘들다'는 마음을 전해 주는 것이 더 좋기 때문입니다. 그래야 엄마 아빠가 자신을 도와줄 수 있음을 알려 주십시오.

셋째, 자신에게 너무 높은 기대를 걸지 말라고 하세요.

차근차근 노력해 나가기보다는 한 번에 지나친 욕심을 냈다가 기대에 못 미치면 몹시 슬퍼지는 경우가 많기 때문입니다.

넷째, 화가 났거나 슬픈 마음을 느꼈을 때 행동이 아닌 말과 글로 표현하도록 하세요.

말이나 글로 자신의 마음을 표현하다 보면 슬픔의 실체가 별것 아님을 알게 되고 그로 인해 신기하게도 슬픈 마음이 사라집니다.

다섯째, 즐거움을 느낄 수 있는 취미를 가지게끔 해 주세요.

책 읽기, 그림 그리기, 음악, 운동 등은 자녀의 마음을 건강하게 만들어 주는 좋은 취미들입니다. 특히 사랑하는 이들과의 이별, 그리고 이의 극복 과정에 대한 이야기를 주제로 한 책들을 읽히면 더욱더 효과적이지요.

여섯째, 마음이 괴로울 때 예전의 즐거웠던 기억을 떠올려 보라고 하세요.

가족과 함께 놀이 공원을 갔던 기억, 부모님에게 칭찬 받았던 기억, 마음에 쏙 들었던 생일 선물을 받았던 기억 등을 떠올리다 보면 어느새 입가에 미소가 흐를 것입니다. 말하자면 일종의 '중화(neutralization)' 효과인 셈입니다.

일곱째, 항상 긍정적이고 밝은 생각을 가지는 노력이 중요합니다.

그래야 눈물 흘리는 일을 미리 막을 수 있습니다.

세상을 살다 보면 늘 행복한 일과 슬픈 일이 반복해서 일어납니다. 항상 행복하거나 항상 불행한 일만 되풀이되는 것은 아니라는 것이지요. 보통 사람들은 행복한 기억보다 불행한 기억이 더 깊고 오래 남습니다. 특히 아이들에게는 슬픔의 상처가 밖으론 표시가 나지 않더라도 내재화되어 마음 깊숙이 파묻히게 됩니다. 그래서 성인이 되어서도 무의식 속에 아픈 기억이 남게 되고 그런 슬픈 기억들이 성장 과정에서 아이의 성격을 형성하는 데 영향을 주게 되지요.

아이들은 슬픔을 스스로 치유할 수 있는 능력이 부족합니다. 그래서 가족의 도움이 절대적으로 필요하지요. 아이에게 밝은 성격과 난관을 극복할 수 있는 진취적 성격을 만들어 주기 위해서는 아이의 슬픔에 관심을 기울이고 아픔의 찌꺼기가 마음속에 남지 않도록 해 주는 것이 무엇보다 중요합니다.

집·단·따·돌·림

왕따, 씻기지 않는 상처

요즘 학교에서 발생하는 집단따돌림 때문에 부모님의 걱정이 이만저만이 아닙니다. 집단따돌림은 학교 차원을 넘어서 심각한 사회 문제로 대두되고 있고 폭력성 또한 심각한 상황입니다. 특히 부모의 과보호 속에서 자라는 요즘 아이들은 문제를 스스로 극복할 수 있는 능력이 부족해 집단따돌림을 당하더라도 속수무책으로 당하기만 합니다.

집단따돌림이란 두 사람 이상이 집단을 이루면서 특정인을 소외시켜 반복적으로 인격적인 무시를 하거나 또는 괴롭히는 언어적·신체적인 일체의 행위를 말하는데, 흔히 왕따라는 말이 더 많이 통용되고 있습니다. 왕따는 사실 우리나라에만 국한된 문제는 아닙니다. 일본에서는 왕따를 '이지메'라 부르고, 서양에서는 '스쿨 불링(school bullying)'이라 부릅니다.

왕따를 경험한 아이들은 이후로도 대인 관계에 대한 자신감이 떨어지고, 새로 만나게 되는 주변 친구들이나 동료들에 대한 신뢰감의 형성이 어려우며, 언제 또 다시 왕따를 당하게 될지 모른다는 불안감을 늘 가지고 살아갑니다. 이러한 불안감은 만성적이며 잦은 두통, 복통, 근육통 등 다양한 신체 증상을 불러오기도 하지요.

나아가 대인 관계의 폭은 더욱 좁아지게 되고, 스스로 외부와의 경계선을 그어서 더욱 고립적인 생활을 하거나 인터넷 게임에 몰두하는 등 비(非)사회화되는 방향으로 발전합니다.

그렇게 되면 다른 사람들과의 교류는 더욱 적어지게 되고, 그 결과 사회적 관계를 형성하는 능력이 더욱 쇠퇴하게 되는 악순환의 고리로 빠져듭니다. 또한 심한 경우 피해의식이나 피해망상으로까지 발전하는 경우도 있습니다.

초등학교 6학년인 성수는 또래 아이들보다 키가 큰 편이며 잘생긴

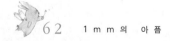

남학생입니다. 게다가 공부도 잘하고 운동도 잘하는, 한마디로 귀공자 스타일입니다. 그런 성수가 왕따를 당하고 있다니 다소 의외라고 느껴지시지요?

나무랄 데 하나 없는 성수가 학교에서 왕따를 당한다는 사실이 도무지 믿기지 않는다는 성수 어머니의 한숨 섞인 푸념이 이어졌습니다.

"우리 성수는 보시다시피 키도 크고 잘생겨서 보는 어른들마다 칭찬을 많이 하지요. 친구들도 처음에는 우리 아이를 좋아합니다. 그런데 작년에도 그렇고 올해 전학 온 학교에서도 그렇고 시간이 지나면서 아이들에게 왕따를 당합니다. 저는 이해가 되지 않아요. 아이들이 참 무섭다는 생각이 들어요."

성수에게 몇 가지 질문을 던졌습니다.

"왕따를 당하는 것을 느끼니?"

"아이들이 서로 얘기하다가도 제가 옆에 가면 말을 하지 않아요."

"아이들이 너를 괴롭히지는 않니?"

"말로 괴롭혀요. '잘났어', '너 똑똑하네' 라는 말로 빈정거려요."

"우리 성수를 특히 많이 왕따시키는 친구가 있니?"

"준호라고 있어요. 키가 작은데 머리를 잘 굴려요."

"왕따까지는 아니고 친구들이 너를 별로 좋아하지 않는 정도 아니니?"

"아니에요. 왕따예요. 은따도 아니에요. 요새는 학교 가기가 싫어요.

선생님이 저를 칭찬하는 것도 이제 부담스러워요. 준호만 보면 가슴이 두근거려요."

성수는 도대체 왜 왕따를 당하게 되었을까요? 성수는 친구들보다 머리 하나는 더 큽니다. 그러나 성수는 덩치만 컸을 뿐 친구들을 배려하는 마음을 갖기에는 아직 어렸지요. 오히려 친구들의 단점이나 틀린 점들에 대해서 그때그때 바로 얘기를 하는 특성이 있었습니다.

'내가 이 말을 하면 친구가 기분이 나쁠 텐데' 하는 마음보다는 '저 친구는 왜 그럴까?' 라는 마음이 더 앞섰지요. 그래서 친구들에게 "야, 공부 좀 열심히 해", "너는 달리기가 늦어 축구를 못하는 거야", "너는 왜 선생님한테 인사를 안 해"라는 말로 지적하면서 무안을 주었다고 합니다.

당연히 듣기 싫은 말투였지만 틀린 말은 아니었기에 아이들은 그냥 그대로 듣고만 있었지요. 그러다가 어느 날부터는 성수가 다가오면 마주칠까 자리를 피하는 것이었습니다. 특히 준호라는 친구는 키가 작지만 배짱이 두둑하고 대장이 되고 싶어 하는 심리가 있었나 봅니다. 다른 친구들을 규합해서 본격적으로 성수를 따돌리기 시작했습니다.

성수는 아이들이 왜 그러는가에 대해서 생각하느라 잠도 잘 못 잤고, 학교 성적도 점차 떨어졌습니다.

왕따를 '당하는 아이'와 '시키는 아이'

왕따를 당하는 아이를 유심히 관찰해 보면 흔히 보이는 현상이 있습니다.

첫째, 주위로부터 고립되어 있습니다.

고립은 왕따를 당하는 원인일 수도 있고, 왕따를 당한 결과일 수도 있습니다. 친구가 별로 없고 대화를 나누지 않으며 공동의 관심사나 활동에 참가하지 않습니다.

둘째, 행동이 부산하고 주의가 산만합니다.

동시에 충동적이어서 친구들에게 호감을 줄 만한 행동을 하지 못하고, 반대로 미움 받을 만한 행동을 자주 보입니다.

셋째, 특이한 외모 또는 행동 특성을 가진 아이의 경우 또래 아이들의 주목을 받게 되고 동시에 놀림의 대상이 됩니다. 안타깝지만 신체적 장애나 핸디캡을 가진 경우도 여기에 해당됩니다.

넷째, 신경질적이거나 공격적인 특성을 갖고 있습니다.

무슨 말인가 의아해할 수도 있겠지만 대수롭지 않게 넘겨 버릴 수 있는 주변의 사소한 자극에도 예민하게 반응하면 결국 친구들로부터 더 많은 집단적 공격을 받게 되는 것입니다.

다섯째, 자기주장이 별로 없고 유머 능력이 결여된 아이입니다.

이러한 경우 친구들이 장난삼아 한두 번 놀려도 가만히 있거나 또는 복종적으로 반응합니다. 따라서 친구들은 이후에도 놀리거나 괴롭히는 행동을 계속하게 됩니다.

물론 왕따를 주동하는 아이들의 특성도 있습니다.

첫째, 자기 힘을 과시하고 싶은 욕구가 강합니다.

대개 이러한 아이들은 실제로 싸움을 잘하는 아이들로서 자신이 강하고 힘이 센 존재라는 것을 주변의 아이들에게 과시하고 스스로 만족하는 것이지요.

둘째, 질투심이 많습니다.

얼굴이 예쁘거나 공부를 잘하거나 집이 부유하다거나 하는, 자신이 가지고 있지 않은 특성이나 조건을 다른 아이가 가지고 있을 때 강한 질투심을 느끼게 되고, 그 아이를 미워하거나 괴롭힐 수 있습니다.

셋째, 성격적으로 짓궂거나 장난이 심합니다.

이런 아이가 집단을 형성하는 능력이 뛰어난 경우 왕따를 주동하게 됩니다. 다른 아이의 고통에 "재미있잖아요"라고 말하는 이런 아이들은 도덕성 발달에 문제가 있는 아이들입니다.

넷째, 자기 자신이 왕따의 피해자에서 가해자로 바뀌는 경우입니다.

또는 어떤 집단의 피해자인 동시에 가해자이기도 합니다. 이러한 아이들은 대개 우울, 분노, 가정폭력 등의 심리적 문제를 가지고 있는 경우가 많습니다. 자신의 괴로운 마음을 왕따라는 부적절한 방법을 통해서 해결하려고 하는 것이지요.

왕따의 피해 학생들은 수치심과 당혹감, 다시 피해를 입을 것에 대한 두려움으로 인해 피해 사실을 공개하기 싫어하고 시간이 지나면서 점차 자신이 당할 만하다고 자연스럽게 생각하는 경향이 있습니다. 그 결과 자신감이 떨어지고 자아를 존중하는 마음이 사라지면서 자신을 무능하고 쓸모없는 존재로 간주하게 됩니다.

결국 이러한 정신적 고통과 어려움으로 인해 친한 친구가 더욱 적어지게 되어서 보호 역할을 해 주는 방어막도 사라질뿐더러 주의집중력 감소로 인한 학업 성취의 저하도 보이면서, 등교를 거부하는 상태에 이를 수도 있습니다. 이 과정에서 잦은 신체 이상 증상, 즉 어지러움, 구토, 사지 통증이나 마비, 두통, 과호흡, 만성 피로감, 히스테리 등을 호소하기도 합니다.

이런 상태가 수주 내지 수개월간 지속되면 적응장애, 불안장애, 우울장애, 전환장애, 만성적인 외상후 스트레스장애로 발전될 위험도 있습니다.

이런 아이들은 성장한 다음에도 불안, 우울, 외로움에 대한 취약성이 높아지고, 직장 동료와의 관계에서 어려움을 가질 수도 있고, 알코올 문제나 가정 폭력의 문제를 갖게 되기도 합니다.

왕따는 아이만의 잘못이 아니다

내 아이가 왕따당하는 일은 비단 아이만의 문제가 아닙니다. 왕따의 문제는 부모의 책임이 더 크다고 볼 수 있습니다. 내 자녀를 왕따의 근심 걱정으로부터 해방시킬 현명한 부모의 자녀 양육 방법을 알아볼까요?

첫째, 어려서부터 또래 관계를 스스로 맺고 또한 여기에서 생기는 갈등을 스스로 해결하는 법을 터득하도록 해야 합니다.

부모가 먼저 나서서 아이의 모든 문제를 해결해 주려고 한다면, 아이는 자신의 문제 해결 방법을 찾아내지 못할 수 있습니다. 따라서 과잉 보호적인 양육 방식은 좋지 않습니다.

둘째, 아이가 자기주장을 적절하게 표현할 수 있게끔 항상 아이의 말에 귀를 기울여야 합니다.

부모가 아이에게 일방적으로 매번 지시하면서 아이의 말을 별로 들으려고 하지 않는다면, 아이의 자기주장 능력이 제대로 발달하지 않을 것입니다.

셋째, 아이가 공격적이거나 충동적인 행동을 보일 때는 단호하게 제지시켜야 합니다.

그냥 '어리니까 그럴 수도 있겠지'라고 방치했다가 점점 습관적인 행동 특성으로 발전하게 되면 이다음에 친구들로부터 공격의 대상이 됩니다.

넷째, 다른 사람의 마음을 읽고 배려할 줄 아는 아이로 키워야 합니다.

지나치게 자기중심적이고 이기적인 아이 역시 왕따의 대상이 되기 쉬우니까요.

다음의 체크리스트로 내 아이의 사회성 지수를 알아볼까요?

(그렇다 : 1점 / 아니다 : 0점)

1   친구가 많다.

2   친구 집에 놀러 가는 것을 좋아한다.

3   자신감이 있어 보인다.

4   새로운 일을 시작하는 것을 두려워하지 않는다.

5   다른 아이들과 같이 노는 것을 좋아한다.

6   친구들과의 놀이를 주도하는 편이다.

7   어떠한 일을 쉽게 포기하지 않는다.

8   다른 사람의 말을 잘 듣는 편이다.

9   다른 사람을 자신의 놀이에 끌어들인다.

10   다른 사람과의 어울림을 부끄러워하지 않는다.

11   혼자 하는 게임보다는 다른 사람과의 놀이에 더 관심이 많다.

12   잘 웃는 편이다.

13   성격이 활달한 편이다.

14   낯선 사람을 만나도 별로 두려워하지 않는다.

15 어른들과의 대화를 회피하지 않는다.

16 평소에 다른 아이들과 다투지 않고 잘 지낸다.

17 다른 사람의 말을 잘 이해한다.

18 다른 사람의 물건을 소중하게 여긴다.

19 누구와도 잘 지내는 것 같다.

20 다른 아이들과 잘 어울려 논다.

16점 이상	우수한 사회성을 보이고 있음
11~15점	보통의 사회성을 보이고 있음
6~10점	경도 및 중등도의 사회성 부족이 시사됨. 부모의 세심한 관찰 과 교육적 개입이 필요함
5점 이하	중증의 매우 심각한 사회성 부족이 시사됨. 전문가와의 상담 및 치료적 개입이 필요함

참을 수 없는 괴로움

틱은 영어로 'tic' 이라고 표기되는 외래어입니다. 틱은 자신의 의지와 상관없이 갑자기 빠르게 반복적으로 불규칙하게 움직이는 행동이나 발성을 말합니다. 행동으로 나타날 때는 '운동 틱' 이라고 하며 소리를 낼 때는 '음성 틱' 이라고 부릅니다.

틱장애는 그 정도와 기간에 따라서 일과성 틱장애(틱이 최소 4주 이상

12개월 이내로 지속될 때), 만성 운동 또는 음성 틱장애(운동 틱 또는 음성 틱이 1년 이상 지속될 때), 뚜렛장애(운동 틱과 음성 틱을 함께 보이며 1년 이상 지속될 때), 기타 틱장애(틱이 4주 이내 지속되거나 18세 이상이 되어서 발병한 경우)로 분류됩니다.

틱장애는 주로 소아기 때 발병하는 질환입니다. 얼핏 보면 경련성 움직임 때문에 간질 발작성 경련으로 오인되거나 또는 일부러 그러는 것처럼 오해되기도 합니다.

대부분의 틱은 부모의 관찰을 통해서 알 수 있습니다. 대개 처음에는 눈을 깜빡거리는 증상이 제일 많고, 코를 찡긋거리거나, 입술을 깨물거나, 얼굴을 씰룩거리거나, 머리를 끄덕이거나 또는 흔들거나, 목을 옆으로 제친다든지 또는 비트는 동작도 흔합니다.

이렇게 처음에는 얼굴과 목 부위에서 시작하여 점차 신체 아랫부분으로 확산되어 나갑니다. 팔과 손을 급히 흔들거나 손가락을 비틉니다. 또한 어깨를 들썩거리거나 무릎, 발 등을 흔들면서 특이하게 걷는 경우도 있습니다. 심한 경우 몸 전체를 움직이는 틱이 있는데 마치 개구리처럼 펄쩍 뛰어오르는 아이도 있지요.

음성 틱은 대개 운동 틱보다 나중에 나타나는 경우가 많은데 '음음' 하는 소리나 코를 '킁킁' 하는 소리를 많이 냅니다. 무엇을 빠는 듯하거나 또는 입맛을 다시는 소리도 많이 냅니다. 따라서 음성 틱은 마치 기침을 하거나 코가 막히거나 목이 아파서 내는 소리로 오인하기 쉽지요.

그러나 아이가 다른 감기 증상이나 이비인후과적인 증상이 없는데도 그러한 소리를 계속 내면 틱을 의심해 볼 수 있습니다. 대개의 경우 학령기 이전의 어린아이들은 자신의 틱 증상을 인식하지 못하는 경우가 많습니다.

틱장애 자체는 뇌 손상을 일으키지 않으므로 간질성 경련 발작과는 구분됩니다. 제일 문제가 되는 것은 다른 사람들이 보기에 좋지 않다는 것입니다. 그래서 결국 다른 사람들의 시선이 집중되면서 놀림감이 되고, 아이는 이 때문에 마음의 상처를 입는 것이지요.

몇 년 전 TV 개그 프로그램에서 출연자들의 행동이 틱장애를 우스개로 비하한 것처럼 보여서 사회적인 논란에 휩싸인 적이 있었지요. 출연자들이 각자 말하는 중간에 '야야야야야야' 라는 소리를 내거나 턱을 부자연스럽게 움직이거나 하품을 하는 등의 행동을 반복적으로 했었는데, 비록 방청객들은 마음껏 웃었지만 틱장애 자녀를 둔 부모님들이 그 장면을 보면서 받았을 마음의 상처는 표현하기 힘들었을 겁니다.

어느 어머니는 시청자 게시판에 "초등학교 2학년 때 어느 날 갑자기 나타나기 시작한 틱장애는 아들과 우리 가족들을 정말 힘들게 했다. 아이가 학교에서 친구들에게 놀림을 당할까, 왕따를 당할까 조바심으로 가슴 졸였던 시간들을 겪어 보지 않으면 어찌 알겠느냐'고 하소연했습니다.

특히 한 출연자는 "버릇이 있으면 고치든가, 참으면 되잖아 참으면"
이라고 호통을 치는 대사가 있어 틱장애 아이를 가진 부모들의 마음을
더 아프게 했지요. 왜냐하면 틱장애를 가진 아이들은 틱을 참기가 매우
어려울 뿐만 아니라 증상이 심한 경우 치료를 받는다고 하더라도 완전
하게 고치는 것이 어렵기 때문입니다.

결국 그 프로그램의 담당 PD가 공개적으로 사과를 하면서 문제가
매듭지어졌습니다. 가벼운 틱이야 사실 치료를 받지 않아도 되고 또 일
상생활에 큰 지장을 받지 않지만, 중증의 틱은 그 모양이 특이하고 눈에
띄어서 사람들의 주목을 받는다는 것이 안타까운 현실입니다.

틱과 버릇의 차이

틱은 일시적인 버릇이 절대 아닙니다. 버릇은 자신의 의지로 그 행동을
억제할 수 있지만 틱은 자신의 의지로 억제하지 못합니다. 엄밀하게 얘
기하면 전혀 억제하지 못하는 것이 아니라, 일시적으로 수분 또는 수시
간까지는 억제가 가능합니다.

부모가 강력하게 제재했을 때 잠깐 동안은 하지 않을 수 있지요. 틱
행동이 버릇으로 오인될 수 있는 대목입니다. 하지만 틱은 결국 나중에
다시 하게 되고, 버릇과 달리 자신의 의지로 고칠 수 없습니다.

틱은 매우 빠른 동작이 순간적으로 일어나며 항상 똑같이 나타납니

다. 즉 눈을 깜빡거리거나 얼굴을 씰룩거리거나 늘 똑같은 동작이 관찰됩니다. 그러나 버릇은 약간 양상이 다르게 나타납니다. 다리를 떠는 버릇이 있는 아이라면 때로는 천천히 떨거나 빨리 떨기도 하고 때로는 몸을 떨기도 하지요.

틱장애를 보이는 아이들은 얼마나 될까요? 일시적으로 나타났다가 한 달 이내에 사라지는 틱은 초등학교 학생의 5~25% 정도까지로 보고 있습니다. 짐작보다 매우 높은 비율이지요. 그러나 치료를 요하는 틱장애로까지 발전했을 경우의 유병율은 뚜렛장애의 경우 10,000명당 4~5명이고, 만성 운동 또는 음성 틱장애는 100명당 1~2명, 즉 1~2%이며, 일과성 틱장애의 유병율은 알려져 있지 않습니다.

틱장애는 대개 7세경에 발병하지만 빠르면 만 2세에도 나타납니다. 음성 틱은 운동 틱보다 뒤늦게 생기는 경우가 더 많고요. 운동 틱의 발생 연령은 평균 7세, 음성 틱은 평균 11세입니다. 특이한 것은 남아가 여아보다 세 배 정도 많다는 점이지요.

틱장애의 원인은 무엇인지 다들 궁금해 합니다. 그러나 한마디로 똑부러지게 말하기는 어렵습니다. 하지만 생물학적인 원인이 중요한 역할을 하는 것으로 점차 이해되고 있습니다. 두뇌에서 운동 조절을 담당하는 기저신경절(basal ganglia)의 기능에 이상이 생겨서 틱이 발생하는 것입니다.

유전적인 요인도 배제할 수 없습니다. 가계도 연구에서 뚜렛장애 환자의 가족은 정상인의 가족에 비해서 틱장애의 유병율이 더 높습니다 (21.3% 대 2.3%). 잦은 인후두염(감기 등의 상기도 감염) 후 2차 후유증이나 대뇌의 신경전달 물질인 도파민, 노르에피네프린 등의 기능에 이상이 생긴 것도 원인으로 지목되고 있습니다.

한편 1년 이내에 대부분 자연 소실되는 일과성 틱장애는 심리적인 원인이 더 중요한 비중을 차지합니다. 결국 틱은 기질적 원인과 심리적 원인이 복합적으로 작용하는 것이며, 그중 기질적 원인(즉 생물학적 원인)이 더 많은 영향을 미친다고 할 수 있습니다.

하지만 틱 증상을 더욱 심하게 하는 요인은 분명히 있습니다. 그것은 단연코 '스트레스'입니다. 틱을 하지 말라고 혼내거나 꾸짖을 때 아이가 이에 거세게 항의하면서 흥분하면 그 순간 틱이 더 심해지는 것은 흔히 관찰되는 임상적 광경입니다.

그 밖에 학업에 대한 스트레스, 주변 친구들의 놀림, 어른들의 지적 등도 중요한 스트레스 요인으로서 틱을 악화시키지요.

또한 틱장애 외에도 주의력 결핍-과잉행동장애나 불안장애 등이 동반되어 있다면 틱 증상은 더욱 심해집니다.

심리요법과 행동요법

이러한 스트레스성 틱을 치료하기 위해서는 우선 심리요법이 필요합니다. 예컨대 놀이 치료, 음악 치료, 독서 치료 등은 아이의 심리적 긴장과 갈등 및 스트레스를 완화시켜 주어서 틱의 악화를 막아 주고, 틱에 동반되는 불안, 우울, 자존감의 상실 등의 정신 병리를 치료하는 데 도움을 줍니다.

틱의 치료에 있어서 중요한 점은 틱 자체를 줄이거나 없애는 것뿐 아니라 동반되는 정신 병리를 치료하고, 가정이나 학교 또는 사회에서의 적응 능력을 키워 주는 것을 포함한다는 것입니다. 따라서 아이와 가족이 함께 노력해야 합니다. 또 치료에도 불구하고 틱 증세가 악화와 완화를 반복할 수 있으므로 그 증세가 심해졌다고 해서 불안해하거나 좌절할 필요는 없습니다.

일반적으로 틱이 발생하기 이전에 주의력 결핍-과잉행동장애가 먼저 나타나는 경우가 많이 있습니다. 반면에 강박증상 등의 불안장애는 틱보다 나중에 나타나지요.

틱을 갖고 있는 아이들이 학교생활을 제대로 하려면 먼저 학교 선생님의 이해와 개입이 절대적으로 필요합니다. 왜냐하면 틱 자체가 친구들 사이에서 놀림감의 대상이 되기 쉽고, 틱을 이해하지 못하는 교사에 의해서 야단맞는 경우도 흔하게 일어나고 있기 때문입니다. 따라서 먼저 아이의 선생님께 틱을 이해시켜야 하고, 이후로는 선생님을 통해서 또래 친구들의 틱에 대한 이해를 꾀하는 것이 바람직합니다.

　만일 틱이 심한 경우 교실에서 자리를 배치할 때 문에서 가까운 자리를 배정해 주는 것이 필요합니다. 아이가 도저히 틱을 참을 수 없을 때 밖에 나가서 소리를 지르고 오는 등 틱을 할 수 있게끔 배려해 주는 것이지요. 그러나 지나치게 자주 밖으로 나가거나 또는 절제하지 못하고 이런 특권을 사용하게 된다면 이것도 행동 수정의 대상이 될 수 있습니다.

　틱의 비(非)약물 치료로는 사실 행동 치료가 심리 치료보다 더 효과적입니다. 효과적인 행동 치료로 '습관 반전 치료(habit reversal treatment)' 라는 게 있습니다. 이는 틱 대신에 받아들여질 만한 다른 습관적 행동으로 대치하는 요법입니다.

　예를 들어서 고개를 뒤로 확 넘기거나 목을 돌리는 등의 틱 증상은 다른 사람의 눈에 잘 보이고 또 공부에 방해가 많이 되므로 다른 유사한 행동으로 바꾸는 연습을 하는 것입니다.

　아이가 스스로 대체행동을 개발할 수 있게끔 부모님이 옆에서 격려하고 도와주세요. 실제로 제가 치료했던 한 남자아이는 왼손으로 목 뒤를 잡고 주무르는 습관적 행동으로 반전에 성공했습니다.

　초기에는 틱이 자연 소실되는 일과성 틱장애인지 아니면 만성 운동 또는 음성 틱장애나 뚜렛장애로까지 발전할지는 구별할 수 없습니다. 따라서 그 정도가 매우 심하거나 또는 음성 틱과 운동 틱이 동시에 나타나지 않는 이상 시간적 여유를 가지고 지켜보는 자세가 중요합니다.

아이가 틱을 의식하지 못하게끔 부모는 모르는 척 틱에 대해서 무시하는 태도가 좋으며, 아이가 틱 때문에 불안해하거나 긴장하지 않게끔 배려해 주는 것이 절대적으로 필요합니다. 또한 앞에서 언급했듯이 틱은 스트레스에 의해서 그 정도가 심해지므로 평소 아이가 스트레스를 잘 관리할 수 있도록 도와주세요. 부모도 아이에게 불필요한 체벌이나 비난 등의 스트레스 요인을 줄여 줍니다.

저의 주관적인 임상 경험에 의하면 틱장애 역시 다른 소아정신과 질병과 마찬가지로 해마다 꾸준하게 늘고 있는 추세입니다. 따라서 부모님들이 틱에 대해서 어느 정도의 지식을 갖추고 아이들의 이상 행동에 주의를 기울일 필요가 있습니다.

외·상·후·스·트·레·스·장·애
상처가 남기는
또 하나의 아픔

'외상후 스트레스장애(Post-Traumatic Stress Disorder)'에 대해서 들어 보신 적이 있습니까? PTSD란 심각한 '외상(트라우마, trauma)'을 보거나 직접 겪은 후에 나타나는 불안장애입니다. 외상이란 전쟁, 사고, 자연재앙, 폭력 등 생명을 위협하는 충격적인 경험을 의미합니다.

환자들은 이러한 외상적인 경험들에 대해 공포심이 계속되고, 반복적

으로 사건이 회상되지만 다시 기억하는 것을 회피하려고 애를 쓰는데, 이 과정에서 아무도 자신을 도와줄 수 없다는 느낌을 가지게 됩니다.

일반 인구에서 평생 유병율(태어나서 사망할 때까지 이 병에 걸리는 비율)은 1~13%로 매우 다양합니다.

남자의 경우 전쟁 경험이 많고, 여자의 경우는 신체적 폭행, 성적인 피해를 당한 경우가 많습니다. 물론 각종 참사 사건(대구 지하철 화재, 삼풍백화점 붕괴, 9·11 테러 등)을 겪었던 사람들은 남녀의 구별 없이 PTSD에 걸리기 쉽습니다.

요즘에는 PTSD의 원인이 학교 폭력에서 비롯되는 경우도 많습니다. 학교 폭력이 외상적인 수준으로까지 작용한 경우이지요.

우리 어른들은 '애들 싸움'이라고 대수롭지 않게 여길 수도 있지만, 아이들은 전혀 예상치 못한 반응을 보일 수 있습니다. 학교 폭력은 과거에도 있어 왔으나 점차 수법이 잔혹해지고 여러 명의 아이들이 한 아이를 집중적으로 괴롭히는 집단따돌림과도 맞물려서 피해의 심각도가 더욱 커지고 있습니다.

초등학교 1학년인 희수는 그야말로 앳되고 어린 여자아이입니다. 어느 날 희수는 이웃에 사는 3학년 언니로부터 심한 구타를 당하고 장롱에 갇혀 몇 시간을 감금당하는 끔찍한 일을 겪었습니다.

덩치가 크고 또래와 잘 어울리지 못했던 가해 학생은 희수와 가까이

지내려고 했으나, 가해 학생을 별로 좋아하지 않았던 희수는 피하는 편이었다고 합니다. 그러던 어느 날 가해 학생은 자신의 집에서 놀자고 말했고 희수가 이를 거절하자 강제로 자신의 집에 데려가서 옷을 벗긴 다음에 막대기로 폭행한 후 장롱에 가두었다고 합니다.

겨우 집으로 돌아온 희수는 사고 당일에 온몸을 덜덜 떨면서 식은땀을 흘리다가 밤에는 고열에 시달려 잠을 거의 자지 못하고 내내 아파했습니다. 타박상과 찰과상이 생긴 다리는 치료를 받았지만 밤에 잠을 자다가 깨서 울거나, 악몽에 시달리는 일이 며칠 동안 계속되고 학교에 가기를 두려워하는 마음까지 생기게 된 것이지요.

희수는 치료 시간에 '인형의 집' 놀이에서 작은 아기 인형을 방 안에 가두거나 숨기는 등의 전형적인 '외상 사건의 재현(retrieval of traumatic event)' 현상을 보였습니다. 희수를 치료하면서 '다시는 그런 일이 없을 것'이라고 안심시키고 당분간 엄마가 같이 등교하도록 했습니다.

한편 가해 학생의 부모는 한 달 전에 이혼을 했고, 이혼 전 가해 학생의 아빠는 매우 폭력적이어서 엄마와 아이가 자주 맞았다고 합니다. 가해 학생의 엄마는 낮에 장사를 하느라고 아이를 보살피지 못한 채 방치하고 있었지요. 이와 같은 사건이 생각보다는 주변에서 많이 일어나고 있습니다.

어찌 보면 희수는 그나마 운이 좋은 편이었습니다. 왜냐하면 희수가 밤에 잠을 자다가 깨서 우는 증상을 보였고 실제 자신의 말로 가해 학생에 대한 두려움을 잘 표현했기 때문입니다. 그 결과 부모님이 아이의 정신 건강의 심각성 및 후유증을 인식했기에 치료를 조기에 받을 수 있었지요.

만일 아이가 마음 치료의 기회를 놓치고 겉으로 드러난 신체적 외상의 치료에 그쳤다면, 아마 나중에 어른이 되어서도 극심한 정신적인 후유증에 시달릴 가능성이 높습니다.

조기 발견과 치유가 중요한 PTSD

민국이는 초등학교 3학년 남학생입니다. 민국이는 밤에 잠을 자다가 자꾸 깨고, 자신보다 큰 남학생만 보면 불안해하는 증상 때문에 저를 찾아왔습니다.

민국이는 한 달 전에 학교에서 자신의 친구와 그 형으로부터 한 시간 동안 심한 구타를 당했습니다. 민국이는 정형외과에서 상해진단서를 발행받고, 가해 형제의 부모에게 사과를 받은 후 치료비 합의까지 받았다고 합니다.

그러나 며칠이 지나면서부터 민국이는 학교에 가기 싫어하고 매우 산만해지기 시작했으며 특히 자다가 맞는 꿈을 꾼다고 호소했습니다. 구타의 충격 때문에 생긴 일시적인 현상이라고 가볍게 생각했던 부모는 증상이 한 달간 지속되자 결국 병원을 찾게 되었습니다.

민국이는 저와의 면담 시간에 그 사건을 다 잊어버렸다고 말했으나 아직 심리적으로 해결된 것처럼 보이지는 않았습니다. 의식적인 차원에서 언어적으로는 "괜찮다, 다 잊었다"라고 말은 하지만, 무의식적 차원에서는 그리고 감정적 측면에서는 아직 고통에 시달렸지요.

민국이는 PTSD라는 진단하에 약물 치료와 심리 치료를 6개월간 지속적으로 받았습니다. 아이의 정신적인 고통과 증상을 빨리 인정한 희수의 부모와 별것 아니라고 생각했던 민국이의 부모 간에는 분명한 차이가 있습니다. 민국이는 희수보다 증상의 지속 기간이 더 길고, 치료 기간 또한 두 배 이상 걸린 것이지요.

학교 폭력은 지속적인 형태와 단 한 번의 커다란 사건, 두 가지 모두가 심각한 정신적 충격을 불러올 수 있습니다. 안타까운 것은 많은 경우 피해 학생의 부모님들이 겉으로 드러난 신체적인 상처에만 더 신경을 쓰고, 아이의 마음이 얼마만큼 힘들었는지에 대한 이해가 부족하다는 점입니다.

물론 아이가 말을 꺼내고 폭력의 실상이 드러났을 때 아이에게 어느 정도의 위로와 이해의 말을 건네주지만, 그것이 아이들의 깊은 상처에 비해서는 너무나도 짧게 끝나는 경우가 많습니다. 따라서 부모님과 선생님은 아이에게 지속적인 지지와 위로의 말로써 아이가 받은 마음의 상처까지 치료해 주는 과정이 꼭 필요합니다.

대개의 경우 학교 폭력을 당한 학생들은 처음부터 부모님에게 알리지 않습니다. 부모님이 걱정하실까봐, 문제가 커질까봐, 부모님에게 야단맞을까봐 등의 여러 이유로 문제를 덮어 두려고만 하지요.

그래서 학교 폭력을 부모님들이 알게 되는 시점은 보통 사태가 아주 악화된 이후인 경우가 많습니다. 혹시 아이가 최근에 부모와의 대화를 갑자기 꺼려한다거나, 눈을 마주치지 않으려고 한다거나, 한숨을 자주 쉬고 신경이 날카로워진다거나, 자주 놀라거나, 집 안에서도 긴 옷을 입고 다닌다면, 부모님은 관심을 갖고 아이를 살펴볼 필요가 있습니다.

학교 폭력 피해 학생의 경우 부모의 비난은 절대 금물입니다. "너는 왜 바보처럼 맞고 있었니?"라는 식의 부모님 태도는 아이에게 이중의 폭력을 가하는 것이나 마찬가지입니다. 어떠한 경우에도 폭력은 용납될 수 없으므로 부모는 아이의 마음을 대신 읽어 주면서 "그렇게 나쁜 아이들이 있느냐?"라고 분노를 표출해 줘야 합니다.

힘이 없어서 당할 수밖에 없었던 아이의 무력감과 억울함 역시 충분히 공감하고 위로해 줘야 합니다. 간혹 피해 아동이 강력하게 전학을 원하는 경우가 있습니다. 이때 부모님은 가급적 아이의 요구를 들어주는 것이 좋습니다.

어떤 부모는 이러한 역경을 스스로 극복해 나가자는 차원에서 전학을 반대합니다. 혹은 전학 가서도 또 그러한 일이 벌어지면 그때는 어떻게 할 것이냐고 말합니다. 일리가 있는 말이긴 하지만, 아이가 지금 다리가 부러져서 목발이 필요한 상태인데 잠시 쉬었다가 다시 뛰어가라고 말하는 것과 같습니다. 전학과 같은 환경적인 변화 또한 매우 중요한 해결 방법 중의 하나입니다.

만일 법적인 대응이 필요한 상황이라면 절대 포기하지 마시고 끝까지 싸워야 합니다. 학교 폭력의 피해 아동을 진정으로 도와줄 수 있는 사람은 친구들이나 전문가들이 아닌 바로 부모님입니다.

너무나 크고 깊은 상처

학교 폭력 외에도 PTSD를 유발하는 대표적인 사례가 '아동의 성추행(또는 성폭행)' 입니다.

안타깝게도 미경이는 초등학교 5학년 때 친하게 지내던 학원 선생님으로부터 수차례 성추행을 당했습니다. 멀쩡하던 아이가 갑자기 깜짝 깜짝 놀라고 밤에 무서운 꿈을 자주 꾸고 야뇨증과 요실금 증세까지 보였습니다. 이상을 느낀 부모님은 아이에게 사건의 전말을 전해 듣게 되었지요.

PTSD로 진단 받은 미경이에게 치료 중 더 큰 문제가 일어났습니다. 아이가 사춘기에 접어들면서 아빠를 밀리하기 시작하더니 심지어 적대적인 태도를 보이는 것입니다. 아빠가 "우리 미경이 예쁘다" 하면서 머리를 쓰다듬어 주려고 하면 강하게 거부하고 소리를 지르면서 자기 방으로 문을 '쾅' 닫고 들어가서 문고리를 잠급니다.

아빠가 달래려고 가까이 가면 물건들을 마구 집어 던지는 등의 발작적인 증세까지 보였지요. 미경이는 어렸을 적부터 엄마보다 아빠를 더 좋아했으며 얌전하고 착실해 반에서 회장을 할 정도로 모범생이었습니다. 아빠도 술, 담배를 하지 않고 일찍 퇴근해서 아이들과 같이 놀아 주는 가정적인 분입니다. 그런데도 아이가 아빠에게 극도의 적대감을 갖는 것은 PTSD로 인해 권위를 갖고 있는 성인 남성에 대해 생긴 혐오감 때문인 것으로 생각됩니다.

그것은 바로 믿었던 선생님이 자신을 성추행한 데 대한 분노, 적개심, 복수심 등이 같은 성인 남성인 아버지에게로 '전치(displacement)' 되는 무의식적인 과정입니다.

이와 같이 성추행이나 강간 등으로 인한 PTSD의 경우 이성에 대한 부정적인 이미지와 태도가 오랜 기간 지속될 수가 있습니다. 미경이의 경우는 단란했던 가족마저 와해되는 무서운 결과를 보인 것입니다.

PTSD는 크게 세 가지 현상을 보입니다.

첫 번째는 '외상적인 사건의 재경험' 입니다.

잊고 싶은 괴로운 기억이지만 자꾸 반복적으로 사건 장면이 떠오른다거나 꿈으로 나타납니다. 아동의 경우 내용이 인지되지 않는 무서운 꿈이나 사고의 주제가 표현되는 놀이로 나타나곤 합니다. 또는 폭력의 가해자와 비슷하게 생긴 사람만 보면 공포심에 휩싸여서 얼어붙거나 도망을 가게 되는 것도 여기에 해당합니다.

두 번째는 '회피 및 감정적인 무감각' 입니다.

사건과 연관된 자극을 지속적으로 회피하는데, 예를 들어서 버스를 타다가 큰 사고가 났다면 이후부터는 버스를 전혀 타지 않으려고 합니다. 또는 사귀던 남자친구와 데이트 도중에 폭행이나 강한 성적 수치를 당했다면, 이후부터는 다른 좋은 남자를 만나더라도 사랑의 감정을 느끼지 못하고 무감각해지기 쉽습니다.

세 번째는 '과잉각성' 입니다.

그 결과 잠이 들거나 유지되기 어렵고 사소한 자극에 대해서도 과민 반응을 보이거나 분노가 폭발하며, 주의집중력이 떨어지거나, 지나치게 경계심을 보이거나, 크게 놀라는 반응이 나타납니다.

큰 상처는 또 다른 상처를 남길 수 있습니다. 사랑스런 우리 아이에게 이런 큰 상처가 생기는 일은 절대 없어야겠지요. 하지만 불행하게도 피치 못하게 아이들은 이런 상황에 노출될 수 있습니다. 아이들 몸에 난 상처는 일정 기간 동안 치료를 하면 완치가 되지만 마음의 상처는 오랫동안 그 자국이 지워지지 않습니다. 절대 마음의 상처를 가볍게 보아서는 안 됩니다.

어른들이 말하기 곤란한 고민을 절친한 친구와의 대화를 통해 풀어 나가듯이 아이들도 고민과 충격에 대한 마음의 멍울을 풀어 주어야 합니다. 그래야만 아이들이 그 충격에서 빠져나와 예전의 밝은 모습으로 돌아갈 수 있고 성인이 되어서도 건강한 정신을 가질 수 있지요.

그리고 치료와 함께 무엇보다도 중요한 것은 부모의 지극하고 지속적인 관심과 사랑이란 것은 두말할 필요도 없겠습니다.

1mm의 이해

아이가 소심하면
엄마는 속상하다

부끄러움은 사람이면 누구나 다 갖고 있는 마음입니다. 오히려 잘못

을 저지르고서도 부끄러움을 느끼지 않는 사람들도 많은 세상입니다.

특히 어린아이들은 부끄러움이 많아 더 깨끗하고 순수해 보일 수도 있

겠지요.

하지만 어떤 아이들은 그 부끄러움이 지나쳐 소심해 보이기도 하고,

작은 실수에도 스스로 자책하는 등 정도가 너무 심해 걱정되는 경우도 있습니다.

초등학교 5학년인 민주는 자기가 알고 있는 내용인데도 다른 사람들이 쳐다보는 가운데서 얘기를 하려면 목소리와 손이 떨려서 제대로 발표를 하지 못합니다. 민주도 처음에는 자기가 잘하려고 긴장했기 때문이라고 생각해서 별로 대수롭지 않게 여겼겠지요. 그러나 아이가 느끼는 불편감과 당혹스러움은 생각 외로 컸습니다.

민주는 점차 발표해야 하는 상황을 일부러 피하고 다른 활동에서도 자신감을 잃어 가고 있었지요.

"친구들 앞에서 말하는 것이 불편하니?"

"예, 특히 선생님이 시켜서 친구들 앞에서 말하면 더 떨려요. 아이들이 저를 쳐다보면 목소리가 잘 안 나와요."

"실수할까봐 걱정되니?"

"예, 아이들이 비웃을 것 같아요."

"실수 좀 하면 어때?"

"바보라고 놀리면 어떡해요?"

민주는 '발표불안(Performance Anxiety)'을 동반한 '사회공포증(Social Phobia)' 증세를 보이고 있었습니다. 민주의 경우 어릴 적부터 엄하고 무서웠던 아버지의 눈치를 많이 봤다고 합니다. 밥 먹을 때 절대로 음식을 흘리지 말아야 했고, 어른이 말하면 반드시 '예' 라고 공손히 대답을 해야 했으며, 어른의 눈을 똑바로 쳐다보지 않도록 교육받았다고 합니다.

반면에 엄마는 지나치게 과잉 보호적인 태도로 민주를 키웠습니다. 민주가 가장 많이 기억하는 엄마의 말씀은 '조심해라' 였으니까요. 그러나 두 분의 공통점이 한 가지 있었는데 그것은 민주에 대한 높은 기대였습니다. 그러나 민주가 자라날수록 점차 부모의 실망감이 커져만 갔고, 그 결과 민주에 대한 비난과 질책이 이어졌습니다.

민주의 기억 속에 지금까지 남아 있는 사건이 하나 있습니다. 유치원 학예회 날 그동안 열심히 연습을 했는데도 그만 실수를 하고 말았습니다. 민주는 그때 엄마와 눈이 마주쳤던 상황에서 얼어붙었다고 합니다. 그 순간부터 머릿속이 하얘지면서 더 이상 연극 대사가 떠오르지 않았다고 합니다. 그 당시 엄마의 '무서운 눈' 을 기억하고 있는 민주는 지금도 자신을 쳐다보는 다른 사람들의 눈을 '무섭게' 느끼고 있습니다. 그러한 민주에게 다른 사람들이 쳐다보는 앞에서 무엇인가를 발표하는 것은 당연히 두려운 과제일 수밖에 없지요. 민주는 발표불안 외에도 사회적 상황에 대한 어색함과 불안함을 갖고 있습니다.

"다른 사람과 눈을 마주치면 이상해요. 조금만 오래 쳐다보면 얼굴이 빨개지고 가슴이 떨리거든요. 그 사람이 나를 이상하게 볼까봐 신경 쓰여요."

"그래? 그래서 그 사람이 너한테 뭐라고 했니?"

"아뇨."

민주는 다른 사람이 자신에게 어떠한 신호를 보내지 않았음에도 불구하고 스스로 자신을 남이 좋지 않게 보고 있다고 생각합니다. 그래서 남과 마주치는 것을 매우 꺼려하지요. 민주는 어릴 적 사소한 일이 계기가 되어 오래도록 '사회공포증(또는 대인기피증)' 증상에 시달리고 있습니다.

사람들은 누구나 사회적 상황에서 어느 정도의 불안을 갖고 있습니다. 남들 앞에서 발표를 하는 상황이면 더욱 그러하지요. 그러나 그 정도가 심각하여 자신의 사회적 역할 수행에 지장을 줄 정도라면 곤란하겠지요.

사회공포증이 있는 아동은 사회적 상황, 즉 다른 사람들과 마주치는 상황에 부딪히면 자신의 말과 행동 하나하나가 다른 사람들에게 관찰되어진다고 생각합니다. 그러한 생각으로 인해서 긴장을 하게 되고 '다른 사람들 앞에서 실수하면 어떡하나? 저 사람이 나를 바보처럼 여기지나 않을까?'라는 걱정을 하게 됩니다.

따라서 그들은 더욱 긴장이 되고 그 결과 신체의 자율신경계는 흥분되어서 가슴이 떨리고 땀이 나고 손도 떨리는 것입니다. 아이는 이러한 자신의 생리적 변화를 인식하여 더욱 당황하고 위축됩니다.

이와 같은 악순환이 반복되면 아이는 아예 사람들이 많이 모이는 곳이나 발표를 해야 하는 상황을 회피하게 되지요. 심해지면 아이는 자신감을 잃게 되고 심한 경우 우울증까지 동반될 수 있습니다. 이러한 아이들에게는 인지 치료를 시행합니다. 인지 치료의 핵심은 부정적인 사고방식을 바꾸는 것입니다.

민주의 경우 사람들이 자신이 말하는 태도와 내용에 대해서 '바보 같다'거나 '못한다'라고 판단할 것이라고 미리 단정했습니다. 그리고 실제로도 자신이 말을 하고 나면 사람들도 뭔가 어색해하는 것 같고 자신을 좋지 않게 보는 것 같았습니다. 이유는 자신이 말을 똑똑하게 하지 않고 표정도 자연스럽지 못해서 그런 것이라고 믿었지요. 그 결과 민주는 다른 사람들과의 대화를 더욱 기피했고 아울러 상대방의 눈을 똑바로 쳐다보기가 어려웠습니다.

민주는 지레짐작으로 다른 사람들은 자신을 좋지 않게 본다고 생각했고 그래서 아예 사람들과의 접촉을 최소화하려고 했던 것입니다. 그러나 사실은 다른 사람들이 민주에게 직접적으로 좋지 않은 얘기를 한 적은 없었습니다. 그것은 순전히 자기 혼자만의 생각이었던 것이지요. 즉 내가 얘기만 하면 다른 사람들이 나를 비웃을 것이라는 부정적인 결론이 문제였습니다. 물론 그렇게 된 데에는 어릴 적 부모와의 부정적인 상호 경험이 주된 원인이었지요.

민주는 치료 과정을 통해서 자신의 생각이 지나치게 부정적이라는 것, 미리부터 단정 짓는 것, 그래서 상황을 회피하려 든다는 점을 먼저 인식하고 난 뒤 자신이 힘들어했던 상황과 마주치는 노력을 시도했습니다. 다행히 민주는 잘 따라 주었고 아이들 앞에서 자청해서 발표하기도 했습니다.

발표할 때 떨리는 것을 당연하게 여기고 오히려 '부끄러움 좀 타면 어때?' 하는 생각이 들고 난 후의 결과였습니다. 생각의 전환이 행동의 변화로 이어졌고 결국 자연스럽게 행동 치료가 이루어졌던 셈입니다.

민주는 요즘 새로운 경험을 다양하게 하면서 즐거운 생활을 하고 있습니다.

소심함은 얼마든지 극복될 수 있다

우리 주변에는 민주와 같은 문제를 가진 아이들이 많이 있습니다. 부모님과 아이들은 이 문제를 대체로 자신의 소심한 성격 탓으로 돌리며 괴로워하고 있습니다. 그러나 그것은 성격적인 문제라기보다도 극복될 수 있는 정신과적 병에 불과합니다.

민주의 경우처럼 사회공포증으로까지 발전하지는 않았지만, 부끄러움을 많이 타는 아이들에게는 어떠한 도움을 줄 수 있을까요?

부모님이 직접 자녀들에게 일러 주실 수 있는 방법들을 알아보기로 합시다.

가장 먼저 하실 일은 부모님부터 부끄러움은 창피한 게 아니라는 생각을 하는 것입니다. 부모님 스스로 부끄러움을 창피하게 여긴다면, 그 마음이 아이에게 고스란히 전달되어서 아이는 부모로부터 인정을 받지 못한다는 느낌을 갖게 됩니다.

부끄러움은 나 말고도 다른 사람 모두 느끼는 감정입니다. 그렇기 때문에 부끄러움을 좀 잘 탄다고 해서 숨을 필요는 없습니다. 오히려 자신이 잘못한 것에 대해서 전혀 부끄러워하지 않는 사람이 더 큰 문제이겠지요? 게다가 부끄러움을 어느 정도 타는 것은 다른 사람에게 선한 인상을 주는 긍정적인 효과도 있습니다.

결국 아이 스스로 부끄러움을 잘 타는 자신의 성격에 대해서 지나치게 자기를 비하하지 않게끔 해 주는 것이 매우 중요합니다.

아이와 함께 부끄러움의 대상과 목록을 작성하여 정말 그것이 부끄러워할 만한 것인지 함께 생각해 보는 것도 좋습니다. 그리고 가슴이 떨리더라도 끝까지 다른 사람 앞에서 자신의 생각을 말하도록 연습시켜야 합니다. 아이도 일단 한 번만 경험해 보면 걱정한 것보다 별로 어렵지 않다는 것을 깨달을 것입니다.

부끄러움을 잘 타는 아이들의 또 한 가지 특징은 '남' 을 너무 많이 생각한다는 점입니다. '남' 을 배려하는 것은 착한 마음이지만, 그로 인해서 아이가 힘들어지면 곤란하답니다.

이제부터는 조금 더 이기적인 아이가 될 필요가 있습니다. 즉 다른 사람보다는 내가 더 중요하다는 마음을 갖도록 하는 것입니다. 좋은 의도에서 이기적인 아이가 되면 부끄러움이 많이 줄어들게 됩니다. 내 마음이 편안한 것이 다른 사람의 눈치를 보는 것보다 더 중요하다는 것을 깨닫게 되지요.

이제 연필과 종이를 꺼내서 아이에게 줘 보세요. 그리고 스스로 생각하는 자신의 장점과 단점에 대해서 각각 적어 보게 하세요. 장점을 먼저 적게 하고 단점보다 장점을 더 많이 쓰도록 하는 것이 좋습니다. 아이가 스스로 생각하지 못하면 부모님이 도와주세요.

"너는 다른 사람을 많이 생각하는 착한 마음을 가졌거든. 그것은 남을 '배려' 하는 마음이니까 장점이야."

이 과정을 통해서 자신의 단점보다는 장점을 먼저 생각하는 사람이 되기를 일러 주세요. 스스로 자신을 좋게 생각하고 뿌듯하게 여기는 마음이야말로 자신감을 쑥쑥 키워 주니까요.

남과 비교하는 마음은 부끄러움을 극복하는 데 방해가 됩니다. 남보다 공부를 못하니까, 남보다 노래를 못 부르니까, 남보다 잘살지 못하니까, 남보다 잘생기지 못했으니까 나는 부끄러울 수밖에 없고 그 결과 남 앞에 나서지 못합니다. 이러한 생각이 과연 옳은 것일까요? 혹시 부모님이 이와 같이 생각하여 그 마음이 아이에게 전달되었던 것은 아니었나요? 또한 부모가 아이를 통해서 남들과 경쟁하고 있지는 않았나요?

부모님도 옛날 사춘기 때 사람들 많이 모인 곳에 가면 괜히 얼굴을 어디다 둬야 할지 모르겠고 어색한 세월이 있었을 겁니다. 사람 많은 곳, 이성이 보고 있는 곳에서는 당연히 부끄럽고 떨렸겠지요.

　　조금 창피하기는 했지만 이와 같은 현상이 커다란 문제로 부각되지는 않았고 나이가 들어가면서 이러한 현상은 점차 사라져 갔습니다. 이것이 정상적인 발달 과정입니다. 부끄러움이 지나친 아이는 다른 사람을 너무 많이 생각해서 그렇습니다. 앞으로는 세상에서 제일 소중한 사람이 바로 나 자신이라는 사실을 깨닫도록 부모님이 도와주셔야 합니다.

상·상·친·구

혼잣말하는 아이,
괜찮을까?

준석이는 조용하고 말이 없는 친구입니다. 부끄러움을 잘 타기 때문에 친구 사귀기에도 많이 서툴지요. 그런 준석이에게 윤재라는 친구가 생겼습니다. 윤재는 키가 크고 성격도 활달하며 말을 무척 재미있게 잘하는 친구입니다. 게다가 윤재는 준석이가 심심할 때 항상 말벗이 되어 주고 때로는 고민을 들어 주고 위로해 주는 고마운 친구입니다. 준석이는 점점 어려운 일이 있을 때마다 무조건 윤재에게 도움을 청하게 됐지요. 그런데 윤재는 어디에서 살까요?

혹시 '상상 친구(imaginary friend)' 라는 말을 들어 본 적이 있나요?

윤재는 준석이의 상상 친구입니다. 말 그대로 실제로는 존재하지 않으면서 상상 속, 즉 마음 안에만 존재하는 그런 친구를 말합니다. 하지만 준석이는 윤재를 살아 있는 친구처럼 마음으로 느끼고 실제 대화도 나눕니다. 어느 날 준석이가 혼잣말로 누군가와 얘기하는 걸 보고 놀란 엄마는 준석이에게 왜 그러느냐고 다그쳤습니다. 그랬더니 준석이가 자기 친구와 얘기하고 있는 중이었다고 합니다.

물론 엄마의 눈에는 아무도 안 보였습니다. 처음엔 그럴 수도 있겠거니 했던 엄마는 반복되는 준석이의 행동에 점점 걱정이 쌓여 갔습니다.

'이 아이가 갑자기 왜 이러나, 뭐가 잘못된 것일까?'

정말로 준석이의 정신에 이상이 생긴 것일까요?

'상상 친구' 는 아이들이 자라나면서 겪을 수 있는 정상적인 현상으로 '상상 친구' 자체는 병이 아닙니다.

한 연구에 의하면 만 3세부터 10세까지의 어린이들 중에서 절반이 경험을 해 봤다고 합니다. 대부분의 경우 만 12세까지는 저절로 사라집니다. 하지만 '상상 친구' 가 일시적인 현상이 아니고, 늘 아이의 마음속에서 맴돌면서 일상생활을 지배하고 있다면 다시 생각해 봐야 합니다.

아이는 왜 상상 친구를 만들어 냈고, 얼마나 상상 친구에 의지하고 있으며, 그 상상 친구의 모습과 성격은 어떤지를 알 필요가 있습니다.

준석이는 왜 상상 친구를 만들었을까요? 상상 친구를 만드는 가장 큰 원인은 '외로움'입니다. 준석이는 맞벌이를 하는 부모님 밑에서 자라난 외동아이입니다. 부끄러움을 잘 타는 성격이라 친구들도 별로 없지요. 그리고 준석이는 자신에 대한 불만족감으로 인해 많은 스트레스를 받고 있습니다. 준석이는 크고 강하고 활달한 성격에 많은 친구들을 가진 아이가 되고 싶었지만 매사에 소극적인 자신의 모습에 불만족스럽고 외로워 마음이 힘들었던 거지요. 그래서였는지 준석이는 자신보다 훨씬 크고 자신감이 넘치는 윤재라는 친구를 만들어 이를 자기와 동일시했던 것입니다.

일곱 살 여자아이 미진이는 매우 활달합니다. 활달함이 다소 지나쳐서 때로는 산만하기까지 합니다. 최근 들어 미진이의 산만함이 부쩍 심해지자 엄마는 급기야 '주의력 결핍-과잉행동장애(ADHD)'가 아닌지를 걱정하게 됩니다. 자신의 모습을 그려 보라는 얘기에 미진이는 자신의 모습을 그린 후 자기 친구 윤서를 그리겠다고 하더군요. 다 그린 윤서의 모습은 일단 외견상으로는 미진이의 모습과 비슷한 공주풍의 아이였습니다. 이 연령대의 여자아이들이 곧잘 그리는 형태입니다. 그러나 윤서에 대한 미진이의 설명은 전혀 달랐습니다. 미진이 역시 상상 친구를 갖고 있었던 것이지요.

하지만 준석이의 경우와는 달리 미진이의 엄마는 직장을 다니는 사람도 아니었고, 언니가 있으므로 외동아이도 아니었습니다. 외로움을 탈 상황도 아닌데 왜 상상 친구를 만들게 되었을까요?

"그림 속의 미진이 기분과 윤서의 기분은 어떠니?"

"미진이는 그냥 보통이고요, 윤서는 아주 행복해요."

"그래? 윤서는 왜 아주 행복할까?"

"엄마에게 칭찬을 많이 받아서요."

"미진이 성격과 윤서 성격을 말해 볼래?"

"윤서는 공부를 잘하고 또 차분하고 얌전해요. 미진이는 좀 까부는 편이고 공부는 보통이에요."

이쯤 되면 여러분도 눈치를 챘을 것입니다.

미진이는 엄마가 바라는 공부 잘하고 차분한 모습과 엄마에게 칭찬받기를 소망하는 마음을 상상 친구인 윤서를 통해서 충족시켰던 것입니다. 엄마는 다소 억울해하면서 의아해하는 반응입니다.

"미진이에게 칭찬을 꽤 많이 하는 편인데요. 칭찬에 관한 육아 서적도 꽤 읽었어요."

"주로 무엇에 대한 칭찬이었습니까?"

"아이가 피아노도 잘 치고요. 또 읽기나 쓰기를 잘하면 칭찬해 주었지요."

"언니도 칭찬을 많이 해 주셨어요?"

"언니는 아무래도 모범적이고 또 스스로 알아서 자기 할 일 하는 스타일이니까 칭찬을 더 많이 받았겠지요."

"주로 어떤 경우에 미진이를 야단치시나요?"

"아이가 집중을 오래 하지 못해요. 꼭 시간을 오래 끌면서 하고요. 또 여자아이답지 않게 거칠게 행동해요. 그러니 야단을 칠 수밖에요."

비록 엄마가 미진이에게 종종 칭찬을 했더라도 아이의 마음속에는 언니를 더 많이 칭찬해 주는 엄마, 자기에게 야단을 더 많이 치는 엄마에 대한 원망과 섭섭함이 마음속 깊숙이 자리 잡고 있었습니다. 이를 스스로 극복하지 못한 아이는 윤서라는 상상 속의 친구로 대리만족을 했던 거지요.

아이들에겐 친구가 필요하다

상상 친구로부터 자유로워지려면 어떻게 하면 좋을까요?

아이들에게는 상상 친구가 아니라 실제 친구들이 필요합니다. 아이가 실제 친구를 무리 없이 사귀는 데에는 무엇보다 부모님의 도움이 필요합니다. 아이가 가장 편안하게 느끼는 친구가 누구인지 살펴보세요. 비슷한 취미를 가진 친구인지, 다른 사람의 말을 잘 들어 주는 친구인지, 유머감각이 뛰어난 친구인지 먼저 살펴본 후에 아이가 원하는 친구를 스스로 정하게 합니다.

이제 원하는 친구가 정해졌다면 그 친구에게 다가서서 말을 건네는 작업이 필요합니다. 친구를 만들기 위해서는 적극적인 태도가 필요하다는 것도 반드시 일러 주세요. 만일 아이가 주저하는 태도를 보인다면, 엄마는 아이와 함께 간단한 '역할 연기'를 해 보세요. 그래서 마치 연극처럼 친구에게 말을 건네는 것을 연습시킬 수 있습니다.

손바닥도 마주쳐야 소리가 나듯이 친구 간에도 서로 대화가 오고 가야 마음이 통한다는 사실을 아이에게 일러 주세요. 내가 하고 싶은 말만 일방적으로 하기보다는 친구의 말에 열심히 귀를 기울여야 인기를 끈다는 점 또한 꼭 가르쳐 주세요.

아이에게 내일 당장 친구들을 집에 초대해 보라고 하세요. 이때 엄마는 집에서 맛있는 음식을 준비할 것이라고 말해 줍니다.

"네가 아쉽고 필요할 때만 친구를 찾는 것이 아니라 친구를 위해서 무엇인가 해 줄 수 있다는 마음이 중요해. 그러면 친구들은 너를 더욱 좋아하게 될 거야."

또한 친구와 함께 마음껏 노는 것도 중요하지만 대화도 필요하다고 말해 주세요. 고민 털어놓기와 고민 들어 주기는 아이들이 가까워질 수 있는 좋은 방법입니다. 사실 친구 사귀기란 것이 활달한 아이한테는 아무것도 아닐 수 있지만 소극적인 아이에게는 여간 힘든 일이 아닙니다.

어른들도 친구를 사귈 때 '거절당하면 어떻게 하나' 하는 두려움이

있는데 하물며 아이들 마음이야 어떻겠어요? 아이가 스스로 극복해 나간다면 좋겠지만 여의치 않을 때는 엄마나 아빠의 조언과 역할이 아이에게 많은 힘을 줄 수 있습니다.

미래의 세상은 커뮤니케이션의 시대라고 합니다. 상상력, 창의력과 더불어 커뮤니케이션 능력은 우리 아이의 미래 경쟁력에 필수적인 능력입니다. 어린 시절 대인 관계에 서툰 아이들은 성장해서도 이를 극복하기가 매우 어렵습니다.

아동기에 커뮤니케이션 능력을 제대로 갖추지 못할 경우 어쩌면 이는 아이가 평생 동안 지고 가야 할 짐이 될 수도 있습니다. 성인이 되어서도 발표불안이나 사회공포증으로 이어져 평생의 약점으로 남을 수 있습니다. 하지만 부모의 관심과 지원으로 이는 얼마든지 해소될 수 있고, 아이들에게 자신감과 적극성을 심어 줄 수 있습니다. 또한 우리 아이에게 미래의 중요한 경쟁력을 만들어 주는 것이지요.

오늘 아이의 상상 친구를 만나 보세요. 그리고 아이의 첫 번째 친구가 되어 주세요. 엄마, 아빠가 '실제 친구 사귀기'의 첫 번째 관문이 되어 준다면, 아이에게 '친구 사귀기'에 더할 수 없는 자신감을 심어 줄 뿐만 아니라 아이가 어른이 되어 사회생활을 하는 데 중요한 경쟁력인 '소통 능력'을 길러 주게 됩니다.

학·습·장·애

공부, 안 해서 못하나?
못해서 안 하나?

자녀의 교육 문제에 대한 관심은 우리나라 부모님들이 단연 세계 최

고입니다. 지나친 교육열로 인해 많은 사회 문제를 낳고는 있지만 우리

나라의 특수한 교육 환경에 비추어 볼 때 어쩔 수 없는 현실이 아닐까

생각됩니다.

그러다 보니 요즘 들어서 부모의 기대에 비해 자녀의 학습 성취도가

못 미치는 정도가 지나쳐서 혹시 '우리 아이가 학습장애는 아닐까?' 걱정하는 부모님들도 점차 늘어나고 있습니다.

보통 '학습장애' 라는 말은 이른바 '공부를 못하는 것' 으로 알고 있습니다. 하지만 의학적으로 학습장애란 '듣기, 말하기, 읽기, 쓰기 또는 수학 능력의 습득과 사용에서 주된 어려움을 보이는 이질적인 장애 현상' 을 말합니다. 예를 들면 철자와 음운을 빼먹거나 또는 엉뚱한 철자를 집어넣어 틀리게 읽는 아이, 글을 읽는 속도가 느린 아이, 맞춤법이 자주 틀리거나 간단한 문장을 쓰는데도 문법을 틀리게 사용하는 아이, 학년에 비해 덧셈 · 뺄셈 · 곱셈 · 나눗셈의 연산 능력이 떨어지는 아이들이 학습장애일 가능성이 있습니다.

넓은 의미로 학습장애는 정신지체나 뇌 손상 혹은 정서적 문제 등을 포함한 다양한 요인에 의해 학습에 어려움을 보이는 경우를 뜻합니다. 좁은 의미로는 '정상 지능을 가진 아동이 학업적인 기술을 학습하는 데 실패한 경우' 를 뜻합니다.

이 말은 결국, '학습지진(또는 학습지체)', '학습부진', 그리고 특정 학습에서 장애를 보이는 '학습장애' 의 구분이 필요하다는 얘기이지요. 즉 학습지진은 주로 지능의 저하에서 생기는 현상이고, 학습부진은 주로 정서적 또는 환경적인 문제로부터 비롯되는 현상입니다.

예를 들면 IQ 80의 아동이 공부를 매우 못하는 것은 학습지진의 경우에 해당하고, 부모님이 매일 다투셔서 그 결과 아이가 공부하는 데 집중이 잘 안 돼 수학을 못한다면 학습부진입니다. ADHD 아동처럼 지능지수는 높은데 산만하고 주의력이 떨어져서 공부를 잘하지 못한다면 이 역시 학습부진입니다. 따라서 아동이 받는 스트레스와 가장 많은 연관을 갖고 있는 것은 학습부진이고 학습장애와 학습지진은 선천적인 요인이 더 많다고 할 수 있지요.

그러면 학습장애는 보통 어떤 형태로 나타날까요?

첫째, '읽기장애' 입니다.

이는 지능이 정상이며 지각장애가 없고 정상적 수업을 받았는데도 불구하고 글자를 인지하지 못하거나, 느리게 또는 부정확하게 글을 읽고, 글을 제대로 이해하지 못하는 경우를 말합니다. '난독증' 또는 '실독증' 이라 부르기도 합니다.

읽기장애는 학령기 아동의 약 2~8%에서 나타나고, 남아가 여아보다 3~4배 정도 많습니다. 우리나라에서 서울 시내 초등학교 3~4학년 1,154명을 대상으로 조사한 결과에서는 3.8%가 읽기장애를 보였다고 합니다.

둘째, '쓰기장애' 입니다.

이는 한 개인의 나이, 지능지수 및 학력을 고려해도 예상 외로 쓰기 능력에 장애가 있는 것, 즉 문법적으로 올바른 문장이나 단락을 쓰는 데

있어서 결함이 있는 경우입니다. 학령기 아동의 약 3~6%에서 나타납니다.

셋째, '산술장애', 즉 '수학장애' 입니다.

역시 한 개인의 학력, 지능지수를 고려해도 예상 외로 산술 능력에 장애가 있는 것을 말합니다. 학령기 아동의 약 4~6%에서 나타납니다.

그러면 이러한 학습장애는 왜 일어날까요?

학습장애의 원인으로는 뇌의 생리적 기능의 변화를 들 수 있습니다. 뇌의 기능 자체는 거의 정상적이지만 특정 뇌세포들의 기능이나 세포들 간의 연결이 잘못되어서 읽기, 쓰기 등의 특정 기능이 떨어지는 것이지요. 언어적 결함 내지는 시공간적, 운동적 결함도 원인으로 알려져 있습니다.

또한 충동적인 인지 양식 때문에 생각하기도 전에 대답을 하고, 과제나 활동을 체계적으로 하지 못하는 등의 비효율적인 인지적 전략으로 인해서 학습에 어려움을 겪기도 합니다.

그렇다면 학습장애의 치료는 어떻게 해야 할까요?

주의집중력의 어려움을 개선시켜 주고, 인지적인 충동성을 줄여 주는 약물 치료가 있습니다만 여기에선 집에서 할 수 있는 방법을 간단하게 알려 드리겠습니다.

먼저, 특정한 과제의 반복적인 훈련이 필요합니다. 가령 읽기장애 아동의 경우 적절한 교재를 선택하여 읽기를 반복해서 시킵니다. 이 과정은 점차 쉬운 과제에서부터 어려운 과제로 옮겨 가는 것이 좋습니다.

예를 들어 '철수는 영희와 만나서 인사를 했다' 라는 문장을 읽을 때 한꺼번에 읽게 하지 말고 '철', '수', '는' 과 같은 방식으로 읽게 합니다. 그런 다음에 '철수는' 을 읽게 하고, 그 다음으로는 '철수는 영희와' 를 읽게 하는 방식으로 통합해 나가는 것입니다.

쓰기장애 아동의 경우는 컴퓨터 워드프로세서를 이용하여 교육을 시키는 것이 효과적입니다. 과거에는 종이에 직접 손으로 쓰는 훈련을 많이 시켰지만, 요즘은 아이들이 좋아하는 컴퓨터를 통해서 쓰기 훈련을 시키면 지루해하지 않고 잘 따라합니다. 특히 워드프로세서의 편집 기능은 아이의 손상된 시각 - 운동의 협동 능력을 보충해 줄 수 있습니다.

책을 읽는 속도가 느린 아동의 경우 책 내용을 부모가 테이프에 미리 녹음해 두고 들려주는 것도 좋습니다.

공부의 기본인 기억력 높이기

학습장애까지는 아니더라도 우리 아이가 현재 공부를 잘하지 못한다면 많은 부모님들이 속상해합니다. 아마 대부분의 부모님들은 우리 아이가 지금보다는 앞으로 더 공부를 잘하기를 바라겠지요. 그러기 위해서는 아이의 기억 능력을 향상시킬 필요가 있습니다.

기억력의 향상은 가장 중요한 두 가지 요소를 기본으로 합니다.

첫 번째는 기억할 만한 경험을 만들어 주는 것과 두 번째는 아이가 그 일을 기억하도록 부모가 도와주어야 한다는 것입니다. 아이가 경험한 일을 부모가 질문하거나 설명하면서 시간의 순서대로 기억하도록 해 주어야 하고, 또한 언어로 표현하는 방법을 가르쳐야 합니다.

기억력을 활용하여 창의력과 추리력 등 보다 높은 단계의 인지 능력에 도움이 되게 하려면 뇌의 해마에 저장되어 있는 단기 기억에서 뇌의 전두엽에 저장되는 장기 기억으로 발전시켜야 하기 때문입니다.

기억력은 부모가 어떻게 훈련시키느냐에 따라 많은 차이가 생깁니다. 다음은 기억력을 높이기 위한 쉽고도 효과적인 방법들입니다.

첫째, 아이를 푹 재우세요.

잠은 피곤한 몸과 정신을 쉬게 해 줄 뿐만 아니라 기억력을 강화시켜 줍니다. 최근 발표된 연구 결과에 따르면 충분한 수면은 뇌의 활동성을 높여 줄 뿐만 아니라 꿈(렘수면 상태에서 꿈을 꾸게 됨)을 통해 더 오랫동안 기억할 수 있게 된다는 것입니다.

'렘수면(REM : 급속안구운동수면)'은 하루의 기억을 되살려 저장해야 할 것과 버려야 할 것을 분류하고, 중요한 일을 재생해서 기억력을 높인다고 알려져 있습니다.

렘수면 시간에 '세타파'라는 뇌파가 발견되었는데, 이 뇌파는 해마에 중요한 일을 기억할 때 나타나는 것이지요. 기억해야 할 일이 많을수록 렘수면 상태에서 두뇌가 활발하게 움직이며, 전체 수면 시간에서 렘수면 시간이 늘어났습니다.

둘째, 여러 가지 감각을 동시에 활용하게 하세요.

나이가 어린 아이들일수록 감각 자극을 보다 잘 기억합니다. 최근 영유아들에게 놀이의 형식으로 다양한 감각 자극을 경험하게 해 주는 것이 유행하는 이유는 아이의 기억력 향상에 많은 도움을 주기 때문이기도 합니다. 특히 두 가지 이상의 감각 자극이 동시에 주어질 때 아이들은 보다 정확하게 그 상황을 기억하게 됩니다.

예를 들어 율동을 하면서 노래를 부르는 경우 그 노래를 더 오랫동안 기억할 수 있습니다. 공부를 할 때도 눈으로 보고, 입으로 소리 내어 읽고, 손으로 쓰면서 하는 공부가 가장 오래 기억에 머물게 됩니다.

감각 기관 중에서 가장 민감한 것은 촉각입니다. 피부는 신경회로를 통해 뇌와 즉각적으로 정보를 교환하기 때문입니다. 따라서 부모가 아이를 자주 끌어안고 쓰다듬는 스킨십은 아이의 기억 속에서 지워지지 않는 좋은 기억으로 남을 것입니다.

셋째, 아이의 과거 기억을 되살려 주세요.

아이의 모습을 카메라나 비디오에 열심히 담는 부모는 많지만 그것을 자주 꺼내서 아이와 함께 보는 부모는 많지 않습니다. 열심히 찍어둔 사진과 비디오를 아이의 기억력 훈련 교재로 사용해 보세요.

사진이나 동영상을 자주 보여 주면서 그때의 상황을 자세히 설명해 주는 것이 좋습니다. 그때 무슨 일이 있었는지 질문도 해 보고, 또 엄마가 얼마나 기뻤는지도 이야기해 주세요. 이렇게 하면 의식적으로 떠올리지 못했던 기억이 단편적으로 되살아나면서 점차 온전한 기억으로 자리 잡습니다.

과거의 어느 한 가지 단서를 이용하여 기억으로 되살리는 능력은 아이의 학습 능력 향상에 큰 도움이 될 것입니다. 말하자면 일종의 '복습'인 셈입니다. 또한 '어딘가에서 봤는데' 라는 느낌이 단서가 되어서 아이의 정확한 기억력을 자극시킬 수 있지요.

넷째, 아이에게 즐거움과 자신감을 주세요.

다행스럽게도 나쁜 기억은 무의식적으로 '억압' 되기 때문에 잘 기억하지 못하거나 금세 잊어버린다고 합니다. 반대로 즐겁고 유쾌한 기억은 오랫동안 뇌리에 남아 있게 마련입니다. 인간의 두뇌는 "아주 잘했다", "너무 멋지구나"라는 칭찬을 들으면 쾌감 호르몬인 '도파민' 이 분비되어서 두뇌의 활동이 마치 윤활유를 바른 것처럼 원활하게 돌아갑니다.

반대로 "왜 매번 그 모양이야", "네가 잘하는 게 도대체 뭐냐"는 식으로 야단을 치면, 스트레스 호르몬인 '코르티솔' 이 분비되어 뇌의 해마 부위가 위축됩니다. 해마는 기억력을 담당하는 뇌의 부위이므로 해마 부위의 위축은 당연히 기억 능력의 저하로 이어지게 됩니다.

부모의 칭찬이 자녀의 기억 능력, 나아가서 학습 능력을 높여 준다는 사실을 반드시 기억하세요.

여기서 잠깐 기억력을 올려 주는 생활 상식을 알아볼까요?

1 아침을 꼭 챙겨 먹이세요.

뇌 활동에 에너지를 공급하도록 잡곡밥 한 그릇에 달걀과 두부, 그리고 생선 반찬이면 더 좋아요.

2 부드러운 음식보다는 딱딱한 음식을 먹이세요.

딱딱한 음식은 오래 씹어야 하고 턱을 많이 움직여야 하기 때문에 뇌에 자극을 줍니다.

3 편안하고 부드러운 클래식이나 재즈를 많이 들려주세요.

아이의 뇌파를 안정시켜서 기억력과 집중력을 높여 줍니다. 오전과 오후에 각각 한 시간씩 거실에서 음악을 잔잔하게 틀어 놓고 있으면 집안 분위기가 한껏 좋아집니다.

4 깨끗한 공기를 자주 마시게 해 주세요.

음이온이 풍부한 신선한 공기는 신경세포인 뉴런의 성장을 돕습니다. 멀리 가기 어려우면 가까운 산을 자주 찾는 것도 좋습니다. 양질의 산소는 인간의 두뇌 활동에 없어서는 안 되는 중요한 성분입니다.

5 규칙적으로 운동이나 산책을 시켜 주세요.

적당한 신체 운동을 하면 해마 세포의 성장을 도와서 학습 능력과 기억력이 좋아집니다.

특정 과제에 대해서 반복이나 학습을 계속할 경우 뇌의 신경세포에서 신경전달 물질이 증가하면서 새로운 신경회로가 연결됩니다. 또 지속적으로 반복하게 되면 새로운 신경회로를 더 강화해서 기억회로를 보다 더 튼튼하고 정밀하게 형성시킵니다. 그 결과 우리 두뇌는 정교하고 체계적인 방법으로 기억을 관리하고 저장하지요.

요즘은 여러 가지를 많이 아는 것보다 각 분야의 전문가가 인정받는 세상입니다. 전문가가 만들어지는 것은 바로 이와 같은 두뇌의 기억 과정에 의합니다.

아이가 스스로 즐거워하면서 새로운 신경회로를 만들어 낼 수 있도록 도와주는 것이 바로 부모의 역할입니다. 부모의 조그만 관심과 실천으로 걱정스런 학습장애를 극복하고 우리 아이를 멋있고 인정받는 전문가로 한번 키워 보세요.

아이의 꿈은
무엇을 말하는가?

대부분의 사람들은 하루 중 삼분의 일을 잠자는 시간으로 보냅니다.

잠을 푹 자고 나면 머리가 개운해지고 몸도 가벼워져서 하루를 활기차

게 시작할 수 있지만 반대로 잠을 설치면 몸이 무겁고 신경도 예민해집

니다. 낮 동안의 집중력도 떨어지기 쉽지요. 그렇다고 해서 무한정 잠을

많이 잘 수도 없습니다. 잠을 많이 자게 되면 게을러지고 나태해져서 정

상적인 생활을 할 수 없게 됩니다.

성장기의 아이들에게 '잠'은 육체적·정신적으로 건강하게 성장하는 데 더없이 중요합니다. 하지만 의외로 아이들의 잠에 대해서 관심이 적은 부모님이 많습니다. 잠은 낮 동안 소모되고 손상된 신체와 근육, 그리고 뇌 기능을 회복시키는 역할을 하지요. 잠을 자는 동안에 단백질 합성이 증가되어 낮에 사용한 에너지를 원상 복귀시키고, 특히 체온을 떨어뜨려서 몸을 효과적으로 관리하고 유지시켜 줍니다.

잠은 이 밖에도 놀라운 기능들을 많이 가지고 있습니다. 이를테면 인지 기능과 감정 조절의 기능입니다. 잠을 자는 동안에 낮 동안 학습된 정보를 정리하여 필요 없는 것은 버리고, 필요한 것은 차곡차곡 남겨 놓는 재학습과 기억의 역할, 그리고 사람의 감정을 조절해서 불편하고 불쾌한 감정을 걸러내 주는 훌륭한 역할을 하는 것이지요.

잠은 육체적 회복 이외에도 시험 스트레스와 낮 동안의 힘들고 불안한 감정을 꿈과 정보 처리를 통해 정화시켜 주어 아침에는 상쾌한 기분을 갖게 합니다. 잠을 인위적으로 박탈시키면 이러한 감정 정화 기능이 무너지므로 무의식적으로 수면 욕구가 많아집니다. 조금 심하면 환각과 망상이 나타나서 집중하지 못하고 올바른 판단을 하기도 어렵게 됩니다.

시험 때만 되면 잠자는 시간을 놓고 아이들과 엄마들의 신경전이 만만찮습니다. 그리고 아이들이 자발적이든 강요에 의해서든 시험 기간 동안엔 밤샘 공부를 하기도 합니다. 과연 '밤샘 공부'는 아이들 성적에 도움을 줄까요? 아니면 방해가 될까요?

답은 '방해가 된다' 입니다. 하지만 요즘같이 살벌한 경쟁 사회에서 시험 기간 중에 아이들을 많이 재운다는 것도 어지간한 강심장이 아니면 쉽지 않겠지요. '옆집 애 방엔 아직도 불이 켜져 있는데', '이러다가 우리 아이만 뒤처지는 것이 아닐까?' 아파트가 밀집한 대도시에서 흔히들 볼 수 있는 풍경입니다.

그렇습니다. 시험 기간에 평소처럼 잠을 많이 잔다는 것은 경쟁에서 도태될 가능성과 두려움이 없지 않습니다. 하지만 밤샘은 그리 효과적이지 않습니다. 날밤을 꼬박 새는 것보다는 잠을 조금이라도 자는 것이 효과적이지요. 그리고 쉽진 않겠지만 시험 기간 중 갑작스런 밤샘보다는 평소에 잠을 조금씩 줄여 아이들의 수면 페이스를 일정하게 유지하는 것이 더 좋은 방법입니다.

잠의 '질' 또한 아주 중요합니다. 한 시간을 자더라도 숙면을 하는 것이 불편하게 자는 몇 시간보다 훨씬 효과적이지요.

숙면의 중요한 변수는 '꿈' 입니다. 보통의 꿈은 잠을 얕게 잘 때, 즉 가수면 상태에서 꾸게 됩니다. 사실 꿈을 왜 꾸는지, 그리고 꿈이 어떠한 역할을 하는지에 대해서 아직까지도 과학적으로 정확하게 밝혀지지는 않았지만 몇 가지는 분명합니다.

잠을 잘 때 우리의 뇌 또한 휴식을 취하지만 일부의 뇌 부분은 깨어 있을 때의 흥분 상태가 아직 남아 있기 때문에 잠을 자는 중에서도 여러 감각을 느끼기도 합니다. 이것이 곧 꿈입니다.

과연 꿈에 냄새를 맡거나 촉감을 느낄 수 있을까요? 답은 '그렇다' 입니다. 귀로 듣고 몸으로 느끼거나 냄새를 맡고 몸을 움직인다거나 심지어 생각하는 것조차 가능하지요.

꿈의 내용은 과거에 있었던 일이 약간 바뀌어서 나타나거나 평소의 소망이 이루어진다거나 마음속에서 걱정하고 있는 내용이 나타나곤 합니다. 따라서 꿈의 내용을 잘 들여다보면 그 사람의 심리 상태와 감정을 어느 정도 알아낼 수 있지요.

아이의 걱정은 꿈으로 나타난다

초등학교 2학년인 민기는 자면서 무서운 꿈을 자주 꾸는 편인데, 며칠 전에는 부모님이 다치는 꿈을 꾸다가 깜짝 놀라서 깼습니다. 괴물이나 무서운 사람들에게 쫓기는 꿈도 자주 꿉니다.

민기의 엄마는 '민기가 자다가 식은땀도 자주 흘린다'고 걱정합니다. 통상 아이의 스트레스는 꿈, 특히 악몽을 통해서 표현되곤 합니다.

보통 '악몽'은 길고 정교한 꿈속에서 이루어지며 대부분 잠에서 깨어나면서 끝나게 됩니다.

잠에서 깨어나면 완전한 각성 상태로 돌아오며 꿈의 내용을 명확하게 기억합니다. 민기의 꿈은 주로 추적, 공격, 손상 등 절박한 신체적 위험과 관계된 것입니다. 이런 악몽은 스트레스, 불안, 우울, 죄책감 등과 관련이 있으며, 특히 심한 충격적 사건을 겪은 후에 나타나곤 합니다.

그래서 민기에게 최근에 경험한 일들을 떠올려 보라고 했지요. 친구에게 괴롭힘을 당했거나, 선생님에게 크게 야단맞았거나, 또는 부모님이 다칠 뻔했던 일이 있었다면 그것이 원인이 될 수 있기 때문입니다.

예상대로 민기는 최근 몇 개월 동안 한 동네에 사는 형들로부터 돈을 빼앗기거나 맞고 다녔다고 하는데 형들의 보복이 두려워서 부모님께 알리지도 못했다는군요. 민기는 형들이 매우 무섭고 힘이 세서 부모님까지 형들에게 당할 거라고 지레짐작했었지요. 그래서 부모님이 다치는 악몽을 꾸었던 것으로 생각됩니다. 민기의 부모님은 문제 아이들의 부모를 만나서 이 문제를 해결했고 이후 민기의 악몽은 감쪽같이 사라졌습니다.

평소에 아이들은 '나만의 고민'을 가지고 있습니다. 아이들에게 마음속의 고민이나 걱정거리를 털어놓고 부모와 함께 해결해 나가는 노력이 필요하다는 것을 알려 줘야 합니다. 만일 어떤 고민이나 스트레스를 받은 적이 없는데도 악몽을 꾼다면 대개는 시간이 흐르면서 저절로 좋아집니다.

또 밤에 자다가 갑자기 깨서 소리를 지르며 우는 경우도 있습니다. 이러한 현상을 '야경증(夜驚症, night terrors)이라고 하는데 공포에 질린 것처럼 매우 놀라는 것이 특징입니다.

일곱 살인 보람이는 밤에 잠이 들고 나서 두 시간 정도 지나면 어김없이 잠에서 깨어나서 심하게 웁니다. 엄마는 아이를 달래 보기도 했고 정신 차리라고 뺨을 때리기도 했습니다. 그러나 아이는 엄마를 전혀 알아보지 못하고 겁에 질린 듯 계속 울기만 합니다. 다음 날 아침 아이는 자신의 증상에 대해서 전혀 기억을 못합니다.

처음에는 피곤해서 그런가 보다 생각했던 보람이 부모님은 아이의 증상이 지속되면서 혹시 '간질 발작이 아닐까?' 하는 걱정도 했습니다. 이 같은 경우 '야경증'을 의심해 볼 수 있지만, 야경증 자체는 그리 심각한 질병이 아닙니다. 가령 매일 '야경증' 증세를 보인다고 할지라도 '간질 발작'의 경우에서처럼 뇌에 손상이 있는 것은 아니니까요.

야경증은 만 2~3세 아동에게서 흔히 나타나는 질환으로 대개는 6~7세 정도 되면 저절로 사라지는 것이 일반적입니다. 간혹 아이를 깨워서 말로 달래려고 하거나 혹은 정신을 차리게 한다고 뺨을 때리는 부모님이 있는데, 이러한 방법은 효과도 없을뿐더러 오히려 아이의 상태를 악화시키게 됩니다.

일반적인 대처 방법으로는 부모가 아이를 품에 안고 아이가 저절로 울음을 그칠 때까지 기다리는 것입니다. 그러면 대개 아이는 스스로 다시 잠이 들게 됩니다. 또 아이가 증상을 보이는 시간을 매일 기록한 후 일정하게 증상을 보이는 시간대가 확인되면, 증상 발생 10~30분 전에 아이를 흔들어 깨운 후에 다시 재우는 방법이 있긴 합니다만 쉽지는 않겠지요?

가장 좋은 방법은 일상생활에서 발병 원인을 제거해 주는 것입니다. 평소 아이의 뇌가 충분히 쉴 수 있도록 TV나 비디오의 자극적인 장면에 오랫동안 노출되지 않도록 해야 합니다. 특히 잠들기 전에 과격한 놀이나 컴퓨터 게임을 하지 않도록 부모님이 아이와 함께 놀아 주세요. 또 아이가 돌아다니면서 위험한 물건에 부딪히거나 혹은 침대에서 떨어지지 않도록 주변의 위험한 물건을 미리 치워 둡니다.

'야경증'은 심리적인 원인보다는 생리학적인 원인이 더 큽니다. 증세가 심할 경우라도 간단한 약물 치료만으로 치유가 가능하므로 부담 갖지 마시고 가까운 병원을 찾아가세요.

어떤 아이들은 밤에 자다가 깨서 돌아다니곤 합니다. 이른바 '몽유병'으로 알려진 이 현상의 정확한 용어는 '수면 보행증(sleepwalking)'입니다. 앞에서 말한 '야경증'과 흔히 동반되곤 합니다.

어른의 경우에는 정신병리가 심한 경우, 특히 적개심이나 공격성을

잘 표현하지 못하고 억누르는 경우에 잘 생깁니다. 아동의 경우에는 신체적 또는 정신적인 스트레스 후에 잘 나타나므로 이러한 스트레스 요인을 미리 제거해 줘야 합니다. 정상적인 발달 단계에서 일시적으로 나타날 수도 있으므로 크게 걱정할 필요는 없습니다. 치료 역시 수면의 일부 단계를 억제해 주는 약물 치료가 매우 효과적이므로 병원에 찾아가는 것을 주저하지 마세요.

'잠꼬대(sleep talking)'를 하는 아이들도 있습니다. 어른들에게서도 매우 흔한 현상이지요. 이것은 수면의 모든 단계에서 나타날 수 있습니다. 그리고 그 내용은 일부만 알아들을 수 있고, 내용 역시 대개 일상적이지요. 아이들의 편안한 잠자리는 정신 건강과 육체의 발달에 있어 아주 중요합니다.

편안한 잠자리는 건강한 아이를 만든다

그러면 어떻게 하면 우리 아이가 건강하고 편안하게 잠을 잘 수 있을까요?

먼저, 잠을 자기 전에 아이가 꼭 해야 할 절차를 정해 놓으세요.

즉, 씻기, 이 닦기, 잠옷 갈아입기, 책 읽기 등과 같은 행동을 순서대로 하다 보면 마치 습관화된 학습처럼 편하게 잠들 수 있습니다. 잠으로 이어지는 하나의 과정을 연속적으로 행동하게 해서 습관을 들이는 것이지요.

또한 잠들기 전의 저녁 시간을 가급적 조용하게 보낼 수 있도록 해야 합니다. 컴퓨터 게임을 하거나 정신없이 뛰어놀다가 이내 잠자리에 드는 것은 좋지 않습니다. 그리고 가능하면 매일 잠자는 시간과 깨는 시간을 일정하게 정해 놓도록 합니다. 잠들기 전 두 시간 이내에 음식을 먹는 것은 아이의 수면을 방해합니다. 특히 영유아의 경우 젖이나 우유를 먹이면서 재우는 것은 바람직하지 않습니다.

저녁 시간에 아이를 목욕시키는 것도 편안하게 잠들 수 있게 해 줍니다. 따뜻한 물에 목욕을 하면 아이의 체온이 올라가면서 잠들 수 있는 최적의 신체 조선을 만들어 주니까요.

낮잠을 자더라도 한 시간 이내가 좋습니다. 과도한 낮잠은 수면 리듬을 깨고, 아이를 게으르게 할 수 있습니다. 혹시 전날에 아이가 잠을 못 잤다고 할지라도 낮잠을 재울 필요는 없습니다. 그 다음 날 일찍 잠자리에 들면 해결됩니다.

그리고 실천하기 쉽진 않겠지만 가능하다면 일정한 시간에 가족 전체가 함께 잠자리에 드는 것이 좋습니다. 부모는 깨어 있으면서 아이들에게 먼저 자라고 할 때 아이들은 곧잘 저항을 보이곤 합니다.

잠자리가 항상 편안하고 즐겁다는 생각이 들게 하면 좋아요. 장난감이나 인형을 옆에 두고서 자는 것도 괜찮은 방법입니다. 특히 좋아하는

책을 읽게 하거나 엄마나 아빠가 함께 누워서 동화책을 읽어 주면 아이가 아주 행복하게 잠들 수 있습니다. 엄마나 아빠의 존재를 바로 옆에서 확인하며 잠드는 아이의 만족감은 그 어떤 치료보다 효과적입니다. 또 책 속의 아름다운 이야기가 잠으로 이어져 즐겁고 행복한 꿈을 꾸게 됩니다.

또한 이렇게 편안한 잠을 자는 아이들은 무리 없이 사춘기를 보낼 수 있고 성인이 되더라도 심리적 안정감과 여유 있는 삶을 살 수 있습니다. 특히 부모와 많은 시간을 보내지 못하는 아이일수록 더욱더 필요합니다.

맞벌이 가정에서는 남편과 아내가 번갈아 책을 읽어 주며 아이를 재워 보세요. 비싼 장난감이나 예쁜 옷보다, 맛있는 과자나 고액의 과외보다 아이를 위해 더 가치 있는 일입니다.

만약 해야 할 일이 남아 있다면 아이가 잠든 후에 살짝 일어나서 하세요. 그러면 아이와 부모를 이어주는 행복과 믿음의 굳건한 끈이 만들어집니다.

도벽은
성장의 과정인가?

아이들은 자라나면서 한두 번 남의 물건에 손을 대곤 합니다. 물론
아직 사리 분별이 안 되는 유아기에 남의 물건에 손을 대거나 가져오는
것을 얘기하는 것은 아닙니다. 필요한 물건들은 부족함 없이 사 주었고
간식이나 먹을 것도 빠짐없이 챙겨 주었는데 왜 이런 현상이 생길까요?
또 어쩌다가 하는 행동이 아닌 상습적인 행동을 보일 땐 어떻게 하면 좋을까요?

'품행장애(Conduct Disorder)'란 다른 사람의 기본적 권리를 침해하고, 나이에 맞는 사회적 규범과 규칙을 위반하는, 지속적이고도 반복적인 행동들을 보이는 것을 말합니다.

준형이는 초등학교 3학년 남학생입니다. 어느 때부터인가 준형이는 거실에 놓아둔 잔돈에 손을 대기 시작했습니다. 준형이의 부모님은 보통 아이들이 성장하면서 한두 번쯤은 다 경험하는 것이라 여기면서 아이에게 상처를 주지 않기 위해 모른 척하고 넘어갔습니다. 또 돈을 함부로 아무렇게나 놓아둔 자신들의 잘못도 있다고 생각했겠지요. 하지만 준형이는 이에 그치지 않고 부모님의 지갑에도 손을 대기 시작했습니다. 심지어 어느 날은 슈퍼마켓에서 물건을 훔치다 들켜 곤욕을 치르기도 했지요.

부모님은 준형이를 타이르기도 하고 매를 들어 혼내기도 했습니다. 한 번은 파출소에 데려가서 겁을 주었던 적도 있었지요. 그러나 그때 잠깐 효과를 봤을 뿐 도벽 행동은 전혀 고쳐지지 않았습니다.

준형이는 도벽 외에도 거짓말을 자주 하거나 친구들을 때리거나 하는 등의 문제 행동들이 많이 있었습니다. 그런데 더 큰 문제는 아이가 자신의 행동에 대해 진정으로 뉘우치거나 미안해하는 기색이 별로 없다는 것이지요.

아이의 이상 행동에는 반드시 그 원인이 있게 마련입니다. 또 그 원인은 먼 데 있는 것이 아니라 주위 사람, 특히 가족 관계에 기인하는 것이 대부분입니다. 준형이를 치료하는 과정에서 준형이의 부모님 또한 서로 관계가 좋지 않았다는 점과 준형이의 아버지는 가끔 가족을 때리는 폭력성까지 있다는 것도 알게 되었습니다. 결국 준형이는 가족의 불화와 폭력적인 아버지 밑에서 자라야만 했던 환경이 도벽 행동의 중요한 원인이었지요.

준형이 아버지를 치료에 참여토록 하는 과정이 매우 힘들었지만, 결국 나중에는 자신의 잘못을 깊이 뉘우치며 가족들에게 눈물로써 용서를 구했답니다. 아버지에게 처음으로 "사랑한다!"는 말을 듣자 준형이 또한 눈물을 흘렸습니다. 준형이의 도벽이 없어진 것은 너무나도 당연하겠지요.

도벽은 아이의 다양한 심리를 반영한다

준형이처럼 '품행장애'까지는 아니더라도 '도벽'의 문제는 아마 대부분의 부모님들이 한두 번 겪는 문제일 것입니다. 그렇다고 아이가 한두 번 도벽을 보였다고 해서 무조건 '품행장애'를 의심할 필요는 없습니다. 아이가 도벽 행동을 보였을 경우 부모님은 먼저 그 원인부터 정확하게 파악해야 합니다.

첫째, 아이에게 정서적인 문제가 있는 경우입니다.

부모와의 관계 또는 자신을 둘러싼 환경으로부터 관심을 충분히 받지 못하거나 또는 불만족스럽게 여기는 아이는 도벽을 통해서 자신의 욕구를 충족시키려는 심리적 동기가 있습니다. 자신이 원하는 물건을 손에 넣음으로써 심리적인 만족감을 느끼려고 하는 것이지요.

또한 훔치는 행동을 통해서 부모의 관심을 끌려고 하는 심리적 동기도 있는데, 이 경우 대개 부모의 지갑 또는 물건에 손을 댑니다. 부모와의 관계가 매우 나빠진 경우에도 아이는 부모를 골탕 먹이기 위해 부모의 물건에 손을 대기도 합니다. 일종의 복수인 셈이지요.

둘째, 충동을 조절하는 능력이 부족한 경우입니다.

자신이 갖고 싶은 것이나 원하는 것을 즉각적으로 얻어야만 하는 아이가 있습니다. 즉 욕구 충족을 지연시키지 못하는 아이는 대개 충동 조절 능력이 부족한 경우라고 볼 수 있습니다. 대개 이런 아이는 주의가 산만하고 과잉행동을 보이는 경향이 있습니다. 또한 어려서부터 부모가 아무런 제한 없이 무엇이든지 아이의 요구대로 들어주는 양육 태도가 원인이 될 수도 있습니다.

셋째, 지나치게 금지시키는 부모 아래에서 자란 경우입니다.

아이들이 원하는 것은 대개 부모에게 요구하여 얻게 되는데, 어떤 부모는 지나치게 엄격하거나 인색하여 아이가 원하는 것을 요구할 때 필요 없다면서 일언지하에 거절하거나 또는 혼내는 경우가 있습니다. 그러면 아이는 부모로부터 필요한 물건을 얻을 수 없다고 판단하여 물건을 훔치게 되고, 또 부모가 무서워서 거짓말까지 하게 됩니다. 부모가 매우 무서워서 아예 무엇을 사 달라고 말도 꺼내지 못하는 경우도 도벽의 원인이 됩니다.

넷째, 단순한 호기심 또는 영웅심의 발로인 경우입니다.

'물건을 훔친다는 것은 어떤 기분일까?', '걸리지 않고 성공할 수 있을까?'라는 호기심 내지는 자기 자신의 능력을 시험하기 위해서 도둑질을 해 보는 경우가 있습니다. 또는 친구들에게 좋은 물건이나 특이한 물건을 가지고 있다는 것을 과시하기 위해서 도둑질을 하는 경우도 있지요. 게다가 친구들의 환심을 사려고 훔친 물건을 이용하는 경우가 있는데, 이는 사회성이 떨어지는 아이들에게서 자주 보입니다. 정상적인 방법으로는 친구들과 좋은 관계를 맺는 능력이 부족하기 때문이지요.

더러는 친구들과 연합하여 여러 명이 한꺼번에 물건을 훔치는 경우도 있는데, 이는 나쁜 행동 또는 금지된 행동을 같이 함으로써 서로 간에 의리를 확인하고, 개인의 불안감이나 죄책감을 줄이면서 한편으로는 재미를 느끼려는 시도로 여겨집니다.

도벽을 보이는 이유는 연령대별로 각각 다릅니다. 4~5세의 경우 아직 소유의 개념이 별로 없기 때문에 자기가 가지고 싶은 것은 자기 것이라고 우기거나 또는 아무런 죄책감 없이 진열장 또는 다른 아이 집에 있는 물건을 가져오곤 합니다. 아직 인지적으로 자기중심적인 사고에서 벗어나지 못하는 시기이고, 또한 도덕적 개념에 대한 발달이 이루어지지 않은 것도 중요한 원인입니다.

그러나 유치원생의 경우에는 조금 다릅니다. 이때는 어느 정도 옳고 그름에 대한 도덕적 개념이 생긴 시기입니다. 따라서 아이가 자신의 잘못을 알면서도 부모 몰래 그러한 행동을 보인다면, 이는 앞에서 말한 정서적 문제로부터 비롯되었을 가능성이 매우 높습니다. 즉 욕구 불만이나 애정 결핍이 의심됩니다.

초등학교에 들어간 아이들은 도덕성이 상당 부분 완성되는 시기이므로 잘못을 인지하지 못하고 훔치는 경우는 거의 없습니다. 또한 학년이 점차 높아지면서 훔치는 행동이 치밀해지고 은밀해지는 경우가 많습니다. 이 시기의 원인은 여러 가지로 분류됩니다. 앞에서 말씀드린 정서적 원인, 충동성의 문제, 부모의 영향, 호기심이나 친구 관계와의 문제 등이 모두 포함되지요.

임상적인 경험에 비추어 볼 때 아이들이 처음으로 훔치는 행동을 보이는 시기는 대개 유치원에 다니는 시기인 5~6세 정도입니다. 이때는 부모와의 관계에서 정서적인 문제가 많이 생기는 시기이고, 유치원 등에서 친구들의 물건을 보고 탐을 내거나 부러워하는 등 도벽에의 노출 환경이 많아지기 때문입니다.

일반적으로 도벽 행동은 초등학교 저학년 때까지 자주 보이다가 고

학년이 되면 대부분 없어집니다. 그러나 만일 고학년이 되어서도 그러한 행동을 보인다면 향후 다른 비행 행동으로 발전할 가능성이 매우 높습니다. 이때부터는 심한 경우 '품행장애'로까지 발전할 수 있으므로 부모의 세심한 주의와 관찰이 요망됩니다.

도벽, 슬기롭게 대처하기

도벽의 유형 역시 다양하게 나타납니다. 집에서는 부모님의 지갑에 손을 대거나 저금통 속의 돈을 몰래 꺼내는 행동이 제일 많습니다. 집 밖에서는 친구들의 물건을 몰래 가져오는 경우가 제일 많고요. 문구점이나 가게에서 물건을 훔치는 행동은 주로 초등학교 고학년에게서 많이 보입니다.

만일 만 5세 이전의 아이라면 도둑질이 나쁜 행동이라는 것을 모르고 신기한 물건을 집어 온다거나 할 수 있습니다. 따라서 이 경우에는 아이의 눈높이, 즉 아이의 인지적 이해 능력 내에서 설명을 해야 합니다. 거창하고 복잡한 설명은 필요 없습니다. 남의 것과 나의 것이 구분되어 있으며 남의 것을 가져오는 것은 안 된다고 설명하세요. 그것은 잘못된 행동이어서 부모가 싫어한다는 것도 아이에게 가르쳐 주세요. 만일 아이가 옆집에서 물건을 가져왔다면 그것이 아무리 작은 물건이라도 아이와 함께 가서 그 물건을 돌려주는 모습을 보여 줍니다.

대개 부모들은 아이가 도둑질한 행동을 확인하는 순간 또는 의심하는 순간부터 호되게 야단치는데 더 중요한 것은 그 원인부터 생각해 보는 것입니다. 앞에서 말한 여러 원인들 중에서 우리 아이가 어느 경우에 해당하는지 알아보고 근본적인 대책을 마련해야 합니다.

혼내는 것은 일시적인 효과뿐입니다. 혼내니까 다시는 도둑질을 하지 않게 되었다는 경우는 대개 호기심에서 비롯된 일회성 도벽의 경우입니다. 그러나 아이가 정서적인 문제 또는 충동 조절의 어려움이 있는 경우는 단지 부모가 혼내는 것만으로 해결되지 않습니다.

아이가 정서적으로 안정될 수 있도록 가족과의 관계를 돌아보면서 대화를 나눠 보세요. 그리고 아이가 다시 도벽의 충동에 빠지지 않도록 부모의 지갑을 눈에 띄지 않는 곳에 보관하세요. 또한 아이에게도 매일 또는 매주 단위로 용돈을 주면서 스스로 용돈 사용의 내역을 쓰도록 하면 좋습니다.

아이가 마음의 상처를 크게 입지 않도록 감정적으로 심하게 야단치면 안 됩니다. 부모는 내 자식이 나중에 잘못될까 불안해져서 아이가 잘못한 만큼의 벌이 아니라 그 이상의 체벌을 하기가 쉽습니다. 그러면 아이는 자신의 잘못은 잊어버리고 부모에게 혼났던 기억만이 마음의 상처로 남게 되지요. 중요한 것은 아이로 하여금 자신의 잘못을 생각하게끔 하는 것입니다.

벌을 주더라도 신체적 체벌이나 감정적으로 소리 지르는 것은 절대 금물입니다. TV 시청 금지 등 불이익을 준다든지 또는 그러한 행동은 부모가 좋아하지 않고 앞으로 또 그러면 실망할 것이라는 말로써 잘못을 교정해 주는 방법을 사용해 보세요.

아이가 훔쳐 온 물건이나 돈은 어떻게 처리해야 할까요?

부모는 아이와 함께 상대방에게 훔친 물건이나 돈을 돌려주면서 사과도 같이 해야 합니다. 스스로의 행동에 책임을 지도록 하는 것이지요. 부모가 동행하는 이유는 아이가 그러한 수치심을 감당하기에는 감정적으로 너무 힘들고 또 그러한 상황 자체를 아이가 두려워할 수 있기 때문입니다.

또한 부모가 같이 사과함으로써 아이로 하여금 자신의 행동으로 말미암아 부모도 곤란한 지경에 빠졌다는 사실을 인식시킬 필요가 있습니다. 부모가 사과하는 모습을 보여 주고 아이가 따라 하도록 하는 것이 좋습니다. 만일 부모만 사과한다면 아이는 자신의 문제를 부모가 알아서 해결해 줄 것이라는 그릇된 인식을 가질 수도 있습니다. 물론 아이가 자신의 잘못을 솔직하게 인정하고 용기를 내어 혼자서 사과한다면 가장 좋습니다.

통상 도벽이 있는 아이들은 비슷한 시기에 도벽 이외에도 학습부진, 거짓말, 공격적 행동, 과잉행동이 동반될 수 있습니다. 물론 이 정도의 상황이면 소아정신과 전문의와의 상담 및 치료가 필요합니다. 무엇이

든지 일이 벌어지고 난 다음에 수습하는 것보다는 예방이 가장 좋은 해결 방법입니다. 그리고 설사 내 아이가 도벽 행동을 보였다고 할지라도 초기에 현명하게 대처하면 얼마든지 고칠 수 있는 것이 도벽 행동입니다.

A·D·H·D
주의력 결핍과
과잉행동

식당이나 공공장소에서 떠들거나 번잡하게 돌아다니는 아이들을 심심찮게 볼 수 있습니다. 눈살이 찌푸려지지만 함부로 아이를 야단칠 수도 없습니다. 자칫하면 "당신이 뭔데 남의 귀한 아이에게 야단치느냐"는 젊은 부모들의 항의를 받을 수도 있으니까요.

아마도 가부장적인 분위기 속에서 자란 부모들이 내 아이만큼은

'기'를 살려 주고자 하는 마음에서 비롯된 현상이 아닐까 생각합니다. 충분히 이해될 수 있는 대목입니다. 하지만 한편으로는 사회의 기본 규칙과 질서를 배우고 익혀야 하는 아이들에게 사랑스런 자녀라는 이유만으로 '아이들이 올바르게 자랄 수 있는 기회'를 박탈시키는 건 아닌지 생각해 볼 문제입니다.

사실 아이들이 점잖다면 그 또한 문제입니다. 아이가 애늙은이처럼 조용한 것보다 활동적인 것이 신체 발육이나 정신 건강에 훨씬 도움을 줍니다. 문제는 활달한 정도를 넘어 일부 아이들은 타인에게 불쾌감을 줄 정도로 천방지축, 통제가 안 된다는 것이지요.

초등학교 1학년인 도형이는 학교에 들어간 지 두 달 만에 엄마 손에 이끌려서 저를 찾아왔습니다. 아이가 너무 '산만하다'는 게 이유였습니다. 어려서부터 워낙 활동적이고 한시도 가만히 있지 못하는 성격이라 좀 걱정은 했지만 '남자아이니까 그럴 수 있지', '크면 나아지겠지' 하는 생각으로 대수롭지 않게 넘겼다고 합니다.

도형이의 유치원 선생님 또한 도형이가 때론 과격하기도 하지만 걱정할 정도는 아니라고 부모님을 안심시켰습니다. 게다가 학습 능력은 오히려 뛰어났고 성격도 무척 밝았지요.

그러나 초등학교에 들어가서는 상황이 좀 달라졌습니다. 엄한 선생님 반에 배정된 도형이는 만날 지적과 꾸중을 들었습니다. 급기야 선생님이 자신만을 미워한다고 생각하기에 이르지요.

어느 날 선생님과 상담한 엄마는 놀라운 말을 들었습니다. 아이가 수업 시간에 함부로 돌아다니거나 친구의 자리에 가서 말을 붙이곤 한다는 것이었습니다. 뿐만 아니라 선생님이 지적하면 잠시 잠잠하다가 채 5분이 안 돼서 교실 밖으로 나갔다 들어오기도 한다는 것입니다. 또 아이가 실내에서 항상 뛰어다니고 친구들의 일에 너무 많이 간섭해서 친구들이 도형이를 싫어한다는 말도 들었습니다.

엄마는 이 사실을 아이 아빠에게 알렸지만, 아빠는 "나도 어릴 적에 개구쟁이였어. 머슴애들은 다 그래" 하고는 대수롭지 않게 지나쳤습니다.

그러다가 결정적인 사건이 터졌습니다. 병원에 오기 전 주말이었지요. 아이가 119에 전화를 해서 불이 났다고 신고를 한 겁니다. 그래서 소방차가 출동하고 동네에 한바탕 대소동이 일어났습니다. 물론 도형이가 장난으로 거짓 신고를 한 거지요.

부모님은 도형이에게 왜 그랬냐고 다그쳤는데 아이의 대답이 더 놀라웠습니다.

"그냥 119에 전화하면 소방차가 정말로 올지 궁금해서 그랬어요"

아이는 자신의 궁금증을 참지 못해 그만 사고를 쳤던 것입니다.

아이는 검사 결과 '주의력 결핍-과잉행동장애(Attention-Deficit/Hyperactivity Disorder : ADHD)'라는 진단을 받았습니다. 그 중에서도 '과잉행동/충동성 우세형'의 ADHD입니다. 이는 말 그대로

행동의 양이 지나치게 많고 잘 참지 못하고 충동적인 모습을 보이는 유형을 말합니다.

조용하면서 산만한 아이, 과격하면서 산만한 아이

'주의력 결핍 우세형'의 ADHD가 얌전하면서 산만한 아이라면, '과잉행동/충동성 우세형'의 ADHD는 과격하면서 산만한 아이입니다. 후자는 주로 남자아이들에게서 더 흔하고 '주의력 결핍 우세형'보다는 주변 사람들의 눈에 잘 띄는 경우입니다.

과거에는 '주의력 결핍 장애(Attention Deficit Disorder : ADD)'와 '과잉행동 증후군(Hyperkinetic Syndrome)'을 따로 분류했습니다만, 현재는 두 가지의 병태 생리가 동일하다고 여겨 '주의력 결핍-과잉행동 장애'로 합쳐지게 된 것입니다.

미국 소아과학회의 통계에 따르면 평균 학령기 소아에서의 ADHD의 유병율은 약 3~8% 정도라고 합니다. 유병율은 성별에 따라 다르게 나타나는데, 남아들의 경우 여아보다 약 3배 정도 더 높아 평균 9.2%이고, 여아는 평균 2.9%입니다.

이런 유병율은 소아정신과 관련 질환 가운데 가장 높은 축에 드는 것입니다. 특히 최근에는 ADHD까지는 아니더라도 산만하다는 이유로 내원하는 아이들이 많이 늘고 있습니다.

ADHD는 유전적 요인이나 스트레스의 증가 등 여러 가지 원인이 있을 수 있습니다. 또 임신 시 태아의 상태가 주의력 결핍 및 과잉행동과 관련이 있다는 보고도 있습니다. 즉 임신 시 임산부의 영양 부족, 흡연, 과도한 스트레스, 감염 등이 영향을 줄 수 있으며 조산이나 난산으로 인한 두부 손상이 이러한 문제를 유발할 수 있습니다.

또한 과다한 TV 시청, 고압 전류 지역 노출, 컴퓨터 게임, 알레르기 등으로 인해 ADHD가 발생할 수 있다는 주장들도 있습니다. ADHD를 앓고 있는 아동들은 약 50% 정도가 만 4세 이전에 발병하는 것으로 보고되고 있으나, 대개는 유치원이나 학교에 입학한 후에 행동상의 문제가 뚜렷하게 드러나면서 병원을 찾게 됩니다.

ADHD에서 보이는 과잉행동/충동성 증상으로는 다음과 같은 것들이 있습니다.

1 손발을 가만히 두지 못하고 앉은 자리에서 계속 꼼지락거린다.

2 제자리에 있어야 할 때 마음대로 자리를 뜬다.

3 안절부절못하거나 가만히 있지 못한다.

4 집중을 하지 못하거나 활동에 조용히 참여하지 못한다.

5 끊임없이 움직여서 마치 모터가 달린 것처럼 행동한다.

6 지나치게 말을 많이 한다.

7 질문이 끝나기 전에 불쑥 대답한다.

8	차례를 못 기다린다.
9	다른 사람의 활동에 끼어들거나 방해한다.

위의 항목 중에서 최소 6개 이상일 때 ADHD를 의심해 봐야 합니다.

초등학교 3학년인 미진이는 매우 얌전하고 얼굴도 예쁜 여학생입니다. 학년 초에 선생님의 귀여움을 듬뿍 받았고 친구들에게 인기도 많았지요. 그러나 시간이 점차 흐르면서 선생님으로부터 지적받는 일이 많아졌고 인기도 점차 줄어들었습니다. 가장 중요한 지적 사항은 수업 시간에 딴 생각을 하거나 또는 멍하게 앉아 있는 듯해서 선생님의 지시 사항을 제대로 듣지 못한다는 점입니다.

또한 친구들과의 약속을 자주 잊어버리고 심지어 친구에게 빌린 물건을 잃어버려서 돌려주지 못한 적도 여러 번 있었지요. 한 번은 학교에서 돌아온 아이가 가방도 없이 들어오는 것이었습니다. 엄마는 미진이에게 어떻게 된 것이냐고 물어봤지요.

"어? 분명히 가져왔는데……."

아이는 전혀 기억을 못했습니다. 기가 막히기는 했지만 아이가 거짓말을 하는 것 같지 않아서 함께 왔던 길을 거슬러 올라갔습니다. 그랬더니 아파트 놀이터 벤치에 아이의 가방이 놓여 있었습니다.

그제야 미진이는 자신이 벤치에서 풀린 신발 끈을 조여 맨 것을 기억해 냈습니다. 뿐만 아니라 우산을 갖고 가면 항상 빈손으로 집에 돌아오고 그동안 잃어버린 학용품은 이루 헤아릴 수 없을 정도였습니다.

속이 상한 부모님은 미진이를 데리고 저를 찾아왔습니다.

"숙제를 하려고 하면 서너 시간 걸리는 때가 다반사예요. 집중해서 하면 30분이면 할 것 같은데 참 그게 그렇게 어려운가 봐요."

"그 밖에 다른 사소한 문제들은 없습니까?"

"학용품을 잘 잃어버려요. 사흘이 멀다 하고 필통, 연필, 지우개를 잃어버리고 오죠. 아! 그리고 이런 것까지 얘기해야 할지 모르겠는데, 화장실에서 소변을 보면 물을 내리지 않고 매번 그냥 나와요. 그때마다 얘기해 주는데도 잘 고쳐지지 않네요."

"혹시 아이가 몸의 움직임이 많거나 여기저기 왔다 갔다 하는 등의 산만함은 보이지 않습니까?"

"글쎄요, 산만하다고 생각하지는 않습니다. 담임선생님께도 여쭤 봤는데 아이가 산만하지는 않다고 하네요. 그런데 아이가 부주의하고 집중력이 없으니까 조용하게 산만한 것 같아요."

"어머니 말씀이 맞습니다. 아이는 조용하게 산만한 증상을 보이고 있습니다. 이러한 경우를 주의력 결핍을 보이는 ADHD라고 할 수 있습니다."

"예? 그건 남자아이들이 엄청나게 산만하거나 과격한 것을 말하는 것 아닌가요?"

과잉행동이나 충동성을 보이는 ADHD는 주로 남자아이들에게 더

많고 주의력 결핍을 보이는 ADHD는 주로 여자아이들에게 더 많이 나타납니다. 그러나 ADHD 자체는 남자아이들이 여자아이들보다 세 배정도 더 많기 때문에 ADHD라고 하면 떠오르는 이미지가 산만하고 과격한 남자아이들이지요.

주의력 결핍 증상들에는 어떠한 것이 있는지 알아볼까요?

1   부주의하여 실수를 잘한다.

2   집중을 오래 유지하지 못한다.

3   다른 사람의 말을 경청할 줄 모른다.

4   과제나 시킨 일을 끝까지 완수하지 못한다.

5   계획을 세워 체계적으로 하는 데 어려움이 있다.

6   지속적인 정신 집중을 필요로 하는 공부, 숙제 등을 싫어하거나 회피하려 한다.

7   필요한 물건을 자주 잃어버린다.

8   외부의 자극에 의해 쉽게 정신을 빼앗긴다.

9   일상적으로 해야 할 일을 자주 잊어버린다.

위의 9가지 항목 중에서 최소 6개 이상일 때 ADHD를 의심해 봐야 합니다.

주의집중력 올리기

도형이처럼 과잉행동을 보이는 아이들은 대개 친구들과 선생님으로부터 환영받지 못합니다. 과잉행동을 보이는 산만한 아이들은 차분한 친구의 옆자리에 앉는 것이 도움이 됩니다. 그리고 선생님과 가장 가까운 자리에 앉히면 좋지요. 그리고 글씨를 또박또박 쓰는 연습을 시키세요. 급하게 아무렇게나 글씨를 쓰면 올바른 자세가 나오지 않습니다.

실제로 과잉행동을 보이는 ADHD 어린이들의 증상이 좋아지면 대개 글씨체부터 좋아집니다. 그리고 과잉행동을 보이는 아이들은 대개 신체적인 에너지가 넘쳐나기 때문에 마음껏 야외 활동 또는 체육 활동을 하도록 해 주세요.

어떤 부모님은 아이가 더 산만해질 거라는 걱정이 앞서 태권도나 축구 같은 운동 대신 바둑이나 피아노를 배울 것을 강요합니다. 오래 앉아 있으면서도 차분한 속성을 지닌 활동을 통해서 아이의 문제점을 고쳐보려는 계산이지요. 하지만 아이가 충분히 소화해 낼 수 있어야 합니다. 그렇지 않으면 오히려 역효과가 납니다.

아이의 넘쳐나는 에너지를 발산할 통로를 결코 막아서는 안 됩니다. 아이가 관심을 보이는 운동 종목을 하나 선택해서 마음껏 놀게 하세요.

주의집중력이 부족한 아이는 어떻게 도와줄 수 있을까요?

주의집중력이 떨어지는 아이는 한 번에 여러 가지 일을 지시하기보다는 한 번에 한 가지만 지시해야 합니다. 이것저것 여러 개 하려고 하

면 오히려 아무것도 제대로 해내지 못하니까요.

학교 갔다 온 아이에게 "옷 벗고 우유 마신 후에 네 방에 가서 수학 숙제를 해라" 이렇게 말하면 아이는 뭐부터 해야 할지 몰라서 제자리에 가만히 서 있게 됩니다.

우선, 아이의 얼굴을 보고 눈을 마주친 후에 "옷 갈아입을래?"라고 말하세요. 그리고 "우유 한 잔 마셔"라고 하세요. 아이가 우유를 다 마시는 것을 확인한 다음에야 "네 방으로 가서 수학 숙제 하렴"이라고 말하는 것입니다.

이는 아이가 주의집중력이 부족한 경우에 해당되는 얘깁니다. 그러나 거꾸로 주의집중력이 원래 좋은 아이를 더 좋게 키우기 원한다면, 오히려 점차 여러 개의 지시 사항을 한꺼번에 말해서 아이가 다 수행하게끔 하는 것이 좋겠지요.

이 과정은 마치 게임처럼 즐겁게 해야 효과가 있습니다. 예를 들어서 "네 앞에 있는 A4 용지를 오른손으로 집어서 반으로 접은 다음에 그것을 컴퓨터 책상 위에 올려놓고, 그 다음에 냉장고에서 사과 두 개와 배 한 개를 꺼내서 엄마한테 사과 한 개와 배 한 개를 가져다주렴"이라고 말하세요.

모든 것을 완벽하게 수행하면 상을 주는 식으로 합니다. 일주일의 계획표를 아이와 부모가 함께 세워 보세요. 여기에는 공부 계획뿐만 아니라 노는 계획까지도 포함해야 합니다.

'명상'도 주의집중력을 올리는 좋은 방법입니다. 아이에게 잠시 조용히 눈을 감고 1~2분간 편안하게 있어 보라고 해 보세요. 자신의 마음을 안정되게 고르는 훈련입니다. 매일 일기를 쓰거나 또는 항상 메모하는 습관을 가지도록 하면 좋습니다. 자신이 해야 할 일을 공책에 써놓으면 절대 잊어버리지 않겠지요?

마지막으로 부모님이 신경 쓰셔야 할 부분이 아이의 생리적인 측면인 식사와 수면입니다. 항상 잠을 충분히 재우고 또 편식하지 않도록 주의하세요. 일찍 자고 일찍 일어나야 두뇌 활동이 활발해지고 골고루 영양분을 섭취해야 주의집중력도 좋아집니다.

참고로 두뇌의 주의집중력을 높이는 식품으로는 생선과 견과류가 있습니다. 두뇌의 세포들이 신경 전달 기능을 원활하게 수행하려면 필수지방산이 필요합니다. 필수지방산 중에서도 오메가-3 계열이 중요한데, 이것은 찬물에서 사는 생선(연어, 참치, 고등어, 정어리 등)과 콩이나 종자유(들깨, 참깨, 아마 등)에 많이 함유되어 있습니다. 고등어나 두부는 아이들이 대체로 좋아하는 식품이니까 맛있게 조리해 주세요.

반·항·장·애

아이는 왜 대드는가?

온순하고 사랑스럽기만 했던 우리 아이가 어느 날부터 말대꾸를 하기 시작하고 급기야 엄마한테 대들기도 합니다. 갑작스런 아이의 변화에 엄마는 어떻게 대응할지 갈피를 못 잡고 한편으로는 배신감마저 느낍니다.

'도대체 무엇이 잘못되었을까?'

'혹시 나쁜 친구를 사귄 것은 아닐까?'

온갖 생각에 혼란스럽습니다. 하지만 반항이라는 것은 아이가 커 나가면서 자연스럽게 보이는 정상적인 현상 중의 하나입니다. 아이가 자라면서 반항하는 모습을 한 번도 보지 못했다면 그것이 되레 이상한 것이지요.

하지만 일반적인 성장 과정에서 보이는 반항의 정도를 벗어나 통제가 안 되거나 치료를 요하는 경우도 있습니다. 이를 반항장애(Oppositional Defiant Disorder : 약칭 ODD)라고 합니다.

소아정신과에서는 거부적 · 적대적 · 도전적인 구체적 행동 양상이 적어도 6개월 이상 지속되고 이로 인해 가정과 학교에서의 정상적인 역할 수행에 심각한 지장이 있을 때 '반항장애'라고 판단합니다.

일반적인 발달 과정 중에는 두 번의 시기에서 반항의 절정에 달합니다. 첫 번째는 만 2~3세경으로 엄마와의 분리 및 독립이 이루어지는 시기입니다. 두 번째는 잘 알다시피 초기 청소년기, 즉 사춘기 때라고 할 수 있습니다.

하지만 꼭 이 시기뿐만 아니라 모든 연령대에서 반항적 행동은 나타날 수 있습니다. 만 2~3세 아이들의 반항적 행동의 특징은 자기중심적 사고로부터 비롯됩니다. 아직 남의 입장을 이해하거나 다른 사람들이 어떻게 생각하는지에 대해서 의식할 정도로 인지가 발달된 상태가 아니라 자기 자신의 관점으로 세상을 이해하기 때문이지요. 따라서 엄마가 자신의 행동을 금지하는 이유가 추상적이거나 애매할 때 아이는 이를 이해하지 못하고 자신의 관점을 고집하려 듭니다.

시은이는 만 3세의 귀여운 여자아이입니다. 인형을 가지고 심하게 흔들며 놀다가 그만 인형의 팔이 떨어졌습니다.

"왜 인형을 부러뜨리고 그래?"

"내가 안 그랬어. 저절로 그랬단 말이야."

"아니, 얘가 벌써부터 거짓말을 하네? 엄마한테 혼 좀 나야겠어."

"싫어! 엄마, 미워!"

시은이는 갖고 놀던 인형을 던지면서 떼를 쓰기 시작했습니다. 엄마는 아이가 자신의 잘못을 인정하지 않는 것에 화가 났겠지요. 하지만 시은이는 자신이 인형 팔을 부러뜨린 것이 아니라 인형이 스스로 자기 팔을 빼어 놓았다고 생각할 수 있습니다. 자기중심적이면서도 아직 생물과 무생물, 그리고 가상과 현실을 잘 구분하지 못하는 발달적인 한계 때문입니다.

똑같은 상황에서 엄마가 시은이에게 이런 말들을 했더라면 어땠을까요?

"인형에게 무슨 일이 일어났지?"

"인형이 자기 팔을 빼냈다고?"

"아하, 그랬구나! 시은이와 인형이 놀다가 서로 부딪쳐서 인형이 다쳤구나."

"그러면 시은이랑 엄마가 아픈 인형을 치료해 줄까?"

아이의 반항을 누그러뜨림은 물론 물건을 아끼고 사랑해 주는 마음까지 덤으로 얻게 되겠지요.

3세 이전에는 주로 칭얼대거나 떼를 써서 자신의 반항적 심리를 표현했다면, 만 3~5세의 아이들은 점차로 '침묵', '못 들은 척하기', '반응 보이지 않기', '꾸물대기' 등의 방법을 사용하게 됩니다. 즉, 직접적인 공격보다는 수동적인 공격 방법을 취하게 되는 셈이지요. 따라서 이 시기에 본격적으로 도덕성이나 사회 규범에 대한 훈육을 시작하려는 부모와 갈등을 빚게 됩니다.

6~8세의 유치원생 및 초등학교 1~2학년 시기 아동의 특징은 주된 활동과 관심이 점차 가정으로부터 유치원이나 학교로 옮겨지는 시기입니다. 따라서 갑자기 그 필요성이 증대된 사회성의 확립은 아이를 혼란스럽게 할 수 있습니다. 가령 어른에게는 존댓말을 꼭 써야 하고, 수업 시간에는 가만히 앉아 있어야 하며, 선생님의 지시를 따라야 하는 등의 사회적 규칙을 준수하는 행동이 요구됩니다.

이런 행동의 적응이 어렵게 느껴지는 아이는 좌절감을 느낄 뿐만 아니라 자신감이 없어지고 그 결과 분노와 적대감이 외부로 향해질 수 있습니다. 즉 자신이 주변 사람들로부터 부당한 대우를 받고 있다는 피해

의식을 가질 수 있지요. 따라서 아이는 자신을 둘러싼 환경에 대해서 적대적 반응과 행동을 보이게 됩니다. 이때 부모가 아이를 이해하는 태도를 보이지 않고 오히려 아이를 비난하게 되면 아이와 부모 사이에 갈등이 빚어지게 됩니다.

초등학교 3~4학년에서 사춘기 이전까지의 아이들은 친구와의 관계를 무엇보다 중요하게 생각합니다. 특히 이때는 이성보다 동성의 친구들이 더 중요합니다. 따라서 중요하게 인식되는 친구들과 어울리는 시간을 늘리고, 또 그들과 놀기 위해서 부모의 말을 듣지 않는 행동을 종종 하게 됩니다.

가령 오후 세 시까지 귀가하여 학원에 가야 하는데, 아이는 하굣길에 친구와 어울려 노느라 늦게 오기도 합니다. 이때부터 점점 학업을 중요하게 여기는 부모의 욕구와 친구들과 놀고 싶은 아이의 욕구 사이에서 충돌과 갈등이 빚어집니다.

이 시기부터 소위 학교 '땡땡이', 즉 무단결석이나 뚜렷한 이유 없이 조퇴를 하고, 학원을 빼먹고 나서 거짓말을 하는 등의 행동을 보입니다. 이런 사실을 알게 된 부모는 아이를 야단치고 믿음에 상처를 입으면서 아이와 부모와의 관계는 더욱 악화되어 갑니다.

반항의 이유

아이가 '반항장애'를 보이는 이유는 그리 단순하지 않습니다. 천성 자체가 까다로워 반항하기도 하고 부모의 양육 방식이 잘못됐거나 또 유치원이나 학교에 잘 적응하지 못한 것이 반항으로 이어지기도 합니다.

아이들의 반항 원인 중 중요한 몇 가지를 짚어 볼까요?

첫째, 까다로운 기질 탓입니다.

이런 아이들은 어릴 때부터 생활 리듬이 불규칙해 먹고 자는 것을 예측하기 힘들고 감정 기복이 심해 다소 변덕스러운 성격을 갖습니다. 그런데 부모가 아이의 이런 기질을 이해하지 못하고 오히려 야단치고 고치려 들면, 아이는 심한 좌절감과 분노를 느낍니다.

좀 더 성장한 이후에는 부모 말에 적극적인 반항심을 보이는데, 이때 부모가 아이를 꾸짖고 혼내면 분노를 넘어서 적대적인 감정을 가지게 되고 심해지면 반항장애로 이어집니다. 따라서 부모는 아이의 기질을 이해하여 안정적이고 편안한 환경을 제공해야 합니다. 아이가 지킬 규칙 또한 아이와 함께 정하고 강요보다는 북돋아주는 태도로 대해야 합니다. 또 아이를 혼내야 할 때는 아이의 감정이 차분해질 때를 기다려서 부모가 요구하는 바를 차근차근 이야기하는 것이 좋습니다.

둘째, 일관성 없는 양육 방식이 원인이 됩니다.

예를 들면 보통 아이들은 당근 먹기를 참 싫어합니다. 아이가 당근을 먹지 않겠다고 식탁에서 짜증을 내면 엄마가 처음엔 야단치지요. 하지만 결국 아이의 저항에 굴복하거나 그래도 밥은 먹여야겠다는 생각에 아이 뜻대로 당근을 먹지 않게 하는 경우가 많습니다. 당장은 아이와 트러블이 없는 것처럼 보이지만, 아이는 이 일로 자신이 원하는 것을 얻는 데에 반항이 매우 유용하다는 것을 배웁니다. 그래서 다음에도 무엇인가를 요구할 상황이 생기면 신경질을 내고 화를 냅니다. 아이들은 생각보다 머리가 영리합니다.

이처럼 부모가 아이를 다룰 때 일관성 없게 대하면, 아이는 영악하게도 자신의 의견을 관철시키는 목적으로 반항을 이용하게 되지요. 따라서 부모는 아이의 반항에 휘둘리지 말고 항상 똑같은 태도로 아이를 다뤄야 합니다.

특히 아이가 울고 떼쓸 때 엄마들의 마음은 약해집니다. 이때 아이와 적당하게 타협하게 되면 나중에 아이들은 비슷한 행동으로 자기의 의견을 관철시키려 들 겁니다.

셋째, 지나친 야단과 체벌입니다.

아이가 잘못했을 때 일단 부모는 아이를 야단치거나 혼내기부터 합니다. 그런데 아이의 자존심에 상처를 줄 만큼 비난 섞인 야단을 치거나, 매를 들게 되면 아이는 부모에게 극심한 반항심을 갖습니다. 매는 아이에게 일시적인 항복을 받아내기에는 아주 좋은 수단입니다.

하지만 때가 지나면 아이는 부모 마음에 안 드는 행동을 지능적으로 하게 됩니다. 말하자면 아이의 '복수극'이 시작되는 것이지요. 아이가 잘못했을 때 기분 상하지 않게 혼내기 위해서는 정해진 규칙대로 야단을 치거나 불이익을 주는 것이 바람직합니다. 특히 손으로 때리거나 마음에 상처를 주는 말은 아이의 자존감을 떨어뜨리므로 절대로 하지 말아야 합니다.

넷째, 친구 사이에서 제대로 적응하지 못하는 경우입니다.

다소 공격적이거나 지나치게 내성적인 아이는 유치원이나 친구들 사이에서 잘 적응하지 못합니다. 이럴 경우 아이는 고립감을 느끼고 자신이 친구나 선생님에게 부당한 대우를 받고 있다는 생각을 합니다. 그래서 아이는 잘못한 일이 생겨도 남 탓으로 돌리고 오히려 자신을 탓하는 친구를 비난하며 화를 내는 행동을 합니다.

이럴 때는 부모가 아이와 친구 사이에 적절히 개입하는 것이 바람직합니다. 친구 관계가 어떤지 점검하고 친구가 없다면 이웃집 아이를 집으로 초대하는 등 친구 만들기를 적극적으로 도와주세요.

아이의 반항을 다룰 때 중요한 것은 마음을 움직이는 것입니다. 아이의 마음을 움직이게 하기 위해서는 먼저 아이의 마음을 이해해야겠지요. 또 그 마음을 전달하고 나누기 위해서는 대화의 기술이 중요합니다. 즉 부모와 자녀 간의 긍정적 의사소통이 필요하며 아이의 행동이 긍정적으로 바뀌어 나가는 과정을 통해 부모는 아이를 칭찬하고 부모들 또한 만족감을 느낄 수 있어야 합니다.

아이의 변화에는 다소 시간이 걸리겠지만 인내심을 갖고 끈기 있게 노력해 보세요. 반드시 좋은 결과를 얻게 될 것입니다.

03

1mm의 변화

타고난 기질, 바꿀 수 있나?

똑같은 환경에 여러 명의 아이를 데려다 놓으면 서로 다른 반응을 보입니다. 조용하게 앉아 있는 아이, 호기심에 두리번거리는 아이, 옆의 친구에게 관심을 보이는 아이, 정신없이 뛰어다니는 아이 등등. 흔히 아이들의 이런 반응을 보고 '성격이 다르기 때문' 이라고 이야기합니다.

도대체 '성격'이란 무엇일까요?

단순하게 말하면 주변을 둘러싼 환경에 반응하는 생각, 행동, 정서 등을 말합니다. 수십 년 전만 해도 성격과 관련이 있는 유전자가 발견되면서 '성격은 유전된다'는 쪽으로 결론이 나는 듯했습니다. 그러나 최근 들어 성격에 미치는 유전과 환경의 복잡한 관계에 관한 연구가 진행되면서 성격이 유전된다는 가설에 반대되는 수많은 사례가 나오고 있습니다.

예를 들면 1989년 이후 10년간 지속되었던 동유럽의 내전과 학살로 인해서 수많은 고아가 생겼습니다. 그들은 부모의 보살핌이 결여된 채 보육원에서 여러 양육자의 손을 거쳐서 양육되었고 그들 중 상당수가 난폭하고 공격적인 성격을 보였습니다. 심지어 어떤 아이들은 자폐증과 유사한 증상까지 보였습니다.

그러나 다행히 많은 아동들이 영국 등의 이웃 나라로 입양되었고 그 곳에서 새로운 부모로부터 따뜻한 사랑을 받으면서 정신적·물질적 풍요 속에 자라났습니다. 그렇게 6개월, 1년, 시간이 지난 후에 조사해 보니 놀랍게도 그들의 성격은 활발해지고 양순해졌습니다. 환경의 영향이 얼마나 중요한가에 관한 좋은 예라고 할 수 있습니다. 다시 말하면 후천적인 '경험'에 의해서 아이의 선천적인 '유전적 기질'이 바뀔 수 있다는 얘기입니다.

'기질(氣質, temperament)'이란 아이의 타고난 성격을 말합니다. 더 엄밀히 정의하면 기질이란 각 개인의 감정 측면의 개성을 말하고, 이와 같은 기질을 바탕으로 한 감정과 의지의 표현을 성격이라고 말하지요.

명랑함, 조용함, 급함, 느긋함은 기질이고 고통에 대해서 견디는 것이 강한지 약한지, 책임감이 강한지 없는지 등은 성격입니다.

임신 중 엄마의 스트레스, 알코올 섭취 등은 아이의 '기질'에 큰 영향을 미칩니다. 스트레스와 알코올 등은 태내에서 자라나는 아이의 호르몬 및 신경전달 물질 계통에 영향을 미쳐서 두뇌 발달에 크나큰 지장을 주게 됩니다. 그 결과 불안정하고 위축된 성격이나 공격적인 성격으로 자라날 가능성이 높아집니다.

반대로 태교를 하면서 안정감 있는 임신 기간을 보낸 엄마는 순하고 안정적인 기질의 아이를 낳는 경우가 많다는 것은 잘 알려진 사실입니다. 뱃속의 아기는 급속한 속도로 뇌 세포를 만들어 내면서 오감의 감각 기관을 발달시키는 것과 동시에 감정 발달의 기초를 이루게 되는데 이때의 태내 환경이 유전자에 의해 형성된 기질에 영향을 미칩니다. 따라서 아이는 태어나기 훨씬 이전인 수정란 이후부터 주변의 환경에 민감한 영향을 받는다고 볼 수 있습니다.

성격과 기질의 변화

소아정신과에서는 만 3세 이전의 아이에게 '성격' 대신 '기질'이라는 단어를 사용합니다. 성격은 그 사람의 감정, 의지, 행동의 경향을 포괄적으로 가리키는 말인데, 만 3세 이전의 아이들은 주변의 자극에 일관되게 반응할 수 있는 사고나 감정, 행동이 아직 충분히 발달하지 않았기 때문에 기질이라고 말하는 것입니다.

따라서 만 3세 이전의 아이들은 기질에 따라 '까다롭다', '순하다', '보통이다'의 세 유형으로 구분됩니다. 만 3세 이후가 되어야 '활발하다', '소극적이다', '공격적이다', '내성적이다' 등의 성격적 특성을 보이기 시작합니다. 이는 엄마, 아빠, 또래 친구, 주위 어른들과 접촉하면서 생긴 뇌 속의 기억을 토대로 특정한 행동과 감정 유형을 만든다는 것을 의미합니다. '뇌 속의 회로'는 비슷한 일을 반복해서 경험하게 되면 특정한 행동과 감정 반응을 나타냅니다.

성급한 부모의 마음이 아이의 특성을 '잘못된 성격'으로 속단하곤 합니다. 문제가 되는 것은 어떠한 특성이 너무 지나쳐서 다른 사람들과 제대로 어울리지 못하는 것입니다. 외향적인 성격이 너무 지나치면 과잉행동을 보이거나 거칠고 공격적인 성향을 나타내게 되고, 반대로 내성적인 성격이 너무 지나치면 친구가 없거나 자신의 감정을 말로 잘 표현하지 못하는 아이가 됩니다.

따라서 아이의 기질을 무조건 '좋다', '나쁘다'로 단정하는 것보다,

이미 아이가 갖고 있는 기질 또는 성격에서 좋은 점을 발견해 키워 주고, 부족한 부분을 채워 나가는 것이 중요합니다.

'아이의 성격은 부모를 닮는다'는 말을 할 때 두 가지 차원을 생각해 볼 수 있습니다. 하나는 타고난 성격, 즉 부모의 성격을 유전적으로 물려받는 것이고, 다른 하나는 부모가 하는 말과 행동을 보면서 닮게 되는 것입니다.

아이의 선천적인 기질은 이미 정해진 것입니다. 태내 환경 역시 이미 놓친 것이라면 어쩔 수 없겠지요. 그러나 지금부터라도 부모가 얼마나 노력하느냐에 따라 아이의 성격을 긍정적인 방향으로 바꿔 놓을 수 있습니다. 좋은 환경만 만들어 준다면 까다롭고 괴팍하거나, 지나치게 산만하거나, 또는 소극적인 아이의 기질을 변화시킬 수 있습니다.

좋은 환경을 제공하는 것은 생각보다 그리 어렵지 않습니다. 부모가 지속적인 애정을 보이면서 옳고 그름을 일관되게 가르치면 됩니다. 그러나 아이의 성격을 부모가 지나치게 인위적으로 바꾸려고 한다거나 또는 비난만 할 경우 아이가 받는 스트레스는 엄청납니다. 그 결과 성격의 문제를 넘어선 정신 병리적인 증상으로까지 발전할 수 있습니다.

아이가 중심이 되어야 한다

초등학교 1학년인 수호는 남자인데도 불구하고 성격이 너무 여자애 같아서 부모님의 고민이 이만저만이 아닙니다. 수호는 유아기 때부터 다른 남자아이들과는 다르게 인형 놀이를 좋아했습니다. 행동이 얌전해서 어디를 데려가도 있는 듯 없는 듯 했지요.

수호 엄마는 그런 수호를 키우기 편하게 여기면서도 한편으로는 남자답지 못한 것이 늘 마음에 걸렸습니다. 수호 아빠 역시 어렸을 적에 그랬다는군요. 그렇다면 수호는 정말 순하고 얌전한 기질을 선천적으로 타고난 것입니다. 다행스럽게도 부모님은 수호의 그러한 특성을 인정하셔서 아이를 나무라거나 억지로 바꾸려고 하지 않았습니다.

그랬던 부모님이 이제 수호가 초등학교에 입학하고 나니 겁이 덜컥 나고 걱정이 되었던 것이지요.

'혹시 우리 아이가 다른 애들에게 놀림감이 되진 않을까?'

'친구들은 제대로 사귈까?'

수호는 한눈에 보기에도 정말 얌전하게 생긴 아이였습니다.

"수호야, 너 스스로 생각하기에 여자 같으니?"

"아뇨, 저는 남잔데 자꾸 사람들이 여자 같다고 해요."

"그 말이 듣기 싫으니?"

"아뇨, 그렇지는 않아요. 여자애들하고 노는 게 재미있어요."

"남자친구들과는 별로 안 놀아 봤어?"

"예, 걔네들은 만날 뛰어다니고 부딪히고 그래서 싫어요."

부모님과 저는 한 팀이 되어서 수호의 기질 바꾸기(일명 '성격 성형') 작전에 돌입했습니다.

먼저 아빠는 일찍 퇴근해서 수호와 30분간 대화나 놀이를 하기로 했습니다. 아빠와의 상호작용을 늘려서 남성성의 접촉을 강화하고 자연스럽게 아빠의 말투나 행동을 닮아가게 하려는 전략입니다. 다행스럽게도 수호는 아빠와의 놀이를 좋아했습니다. 수호의 반응에 신이 난 아빠는 '아빠와 자녀가 함께 할 수 있는 놀이나 대화법'에 관한 책을 읽고 책 내용을 실천할 정도로 열심히 작전(?)을 수행했습니다. 수호가 특히 좋아했던 놀이는 주사위를 이용한 각종 보드 게임이었습니다.

그리고 엄마는 남자 사촌 형제들을 집으로 자주 불렀습니다. 수호는 자신보다 나이가 두 살 어린 진수를 좋아해서 많이 보살펴 주면서 놀았습니다. 한 살 위인 민수와도 곧잘 놀았지요.

저와의 개인 치료 시간에도 주로 놀이 활동을 이용해서 아이와 상호작용을 꾀했습니다. 평소 수호는 주로 남자 어른 앞에서는 어색해하는 편이었다고 합니다. 그러나 저와의 치료 시간이 아무래도 부드럽게 진행되니 점차 성인 남자에 대한 인식이 나아지는 것을 느꼈지요.

가장 결정적으로 수호에게 도움을 준 것은 그룹으로 하는 축구 활동이었습니다. 같은 학교에 다니는 아이들로 축구팀을 결성했습니다. 거기에서 수호는 축구를 잘하지 못해 자진해서 골키퍼나 최후방 수비를 하곤 했습니다. 그래도 수호는 축구를 통해서 새로운 놀이 방법을 터득하게 되었지요.

수호는 여전히 얌전하고 여성적으로 보이는 아이지만, 남자아이들과도 잘 어울리고 축구 같은 활동적인 놀이도 즐기면서 때로는 또래 남자아이와 달리기 시합도 할 만큼 활달해졌습니다.

아이의 타고난 기질을 있는 그대로 인정해 주면서 주변의 환경을 조정하여 아이에게 새로운 경험의 기회를 충분히 제공한 부모님의 노력 덕분에 성격이 서서히 바뀐 것이지요.

또 다른 정반대의 사례가 있습니다. 용환이는 초등학교 4학년 남자아이인데 불안 증상이 매우 심합니다. 아빠가 집에 들어올 때는 얼어붙어서 말을 잘 못하고, 주의집중력도 떨어지고 밖에 나가서는 거의 말문을 닫아 버리는 상황이었지요.

용환이는 아빠를 매우 두려워하고 있었습니다.

"아빠가 저를 집 밖으로 쫓아낼지도 몰라요."

"설마, 아빠가 그럴 리가 있겠니? 한데 왜 그런 생각을 하지?"

"아빠가 이번 시험 못 보면 집 밖으로 쫓아낸대요. 그리고 게으르고 약한 자식은 아빠 아들이 아니래요."

"엄마는 어때?"

"엄마는 저와 둘이 있을 때는 제게 잘해 줘요. 그러다가 아빠만 오시면 변해요. 제 편은 하나도 안 들고 아빠 편만 들어요. 어느 때는 제 잘못을 아빠에게 일러요."

용환이는 유아기 때부터 매사에 행동이 느리고 움직임이 별로 없는 아이였습니다. 특히 겁이 많아서 무슨 활동이든지 가르치려고 하면 피하곤 했지요.

말로 해서 고쳐지지 않자 어느 때부터 아빠는 회초리를 들기 시작했습니다. 아들이 유약하게 태어났으니 성격을 고쳐서 강하게 키워야 한다고 생각했습니다. 자수성가를 한 아빠는 자기 확신이 강해 한번 마음먹으면 그 누구도 말릴 수 없었지요.

아이 교육에 있어서도 엄마와 타협을 하는 것이 아니라 일방적인 지시만 있었습니다. 아빠의 스파르타식 교육이 계속되자 아이는 더욱 위축되어서 아빠 앞에서는 눈을 제대로 들지 못했고 목소리는 기어들어가기만 했습니다.

또 아빠는 그런 용환이의 모습에 더욱 화가 나서 "남자가 왜 그렇게 배짱이 없어? 목소리를 크게 해서 말해"라고 야단을 쳤습니다.

과연 용환이는 강해졌을까요?

아빠의 목표와는 정반대로 아이는 점점 더 소심해지고 남의 눈치를 살피는 성격으로 변했습니다.

유치원 때나 초등학교 1학년 때까지만 해도 친구들과 곧잘 어울렸던 아이였지만, 지금은 친구들과도 잘 놀지 못합니다. 급기야 아빠가 집에

올 시간이 되면 갑자기 불안해하고 초조해하면서 화장실을 들락날락거리고, 아빠에게 혼나는 게 무서워 엄마한테 울면서 매달리는 증상까지 보였습니다. 결국 아이의 기질을 정반대로 바꾸려는 아빠의 시도가 오히려 아이의 마음을 병들게 했던 것입니다.

성격은 타고나는 것인가 아니면 만들어지는 것인가 하는 논란은 지금도 계속될 수밖에 없습니다. 그러나 많은 부분은 환경의 영향에 의해서 만들어집니다.

아이의 성격을 원만하고 밝게 만들어 주려면 태교부터 시작해서 아이가 성장하는 동안 긍정적 경험을 많이 할 수 있도록 해 주는 것이 좋습니다. 하지만 활발하게 뛰어다니는 외향적인 성격의 아이가 좋다거나 내성적인 성격은 고쳐야 한다는 이분법적 구분은 좋지 않습니다.

또 아이의 기질을 인위적으로 정반대의 방향으로 변화시키기는 쉽지 않습니다. 세상을 살아가는 데는 자신의 느낌과 생각을 솔직하고 거리낌 없이 표현하는 외향적인 성향과 때로는 어떠한 문제를 진지하게 심사숙고하는 내성적인 성향이 모두 필요합니다.

아이의 기질을 파악하고 그 기질을 인정하는 상황에서 부족한 부분을 조금씩 고쳐 나가는 것이 아이를 긍정적이고 원만한 성격으로 키우는 방법이라 할 수 있겠습니다.

야단치기에도
전략이 필요하다

'야단치기'는 참으로 어려운 숙제입니다. 아이가 잘못을 저질렀을 때 야단치는 것은 교육적으로 너무나 당연한 일이지만 사리 분별이 아직 명확하지 않은 아이들은 야단의 의미를 제대로 받아들이지 못합니다.

당연한 꾸지람이 때로는 반항과 반발심, 심하면 적개심을 불러오기도 합니다. 그렇다고 아이의 분명한 잘못에 야단을 치지 않을 수도 없습니다. 명백한 잘못을 지적하지 않게 되면 자기의 잘못을 인식하지 못한 채 또 다른 잘못을 저지르게 되고 이를 당연시하게 됩니다.

아이를 올바르게 야단치는 방법 못지않게 중요한 것은 야단친 후의 뒷수습을 잘하는 것입니다. 어떻게 하면 아이들의 기를 죽이지 않고 또 상처를 주지 않고 야단을 칠 수 있을까요?

부모가 아이를 야단치는 것은 아이의 행동을 올바른 방향으로 바꾸기 위해서지요. 그러기 위해서는 야단친 후 아이의 반응에 따라 적절하게 대응해야 부모의 '채찍'이 효과를 보는 것입니다. 만일 부모가 아이의 반응을 무시하고 일방적으로 야단만 친다면, 결국 아이에게 상처를 줄 뿐 아니라 아이들은 자기의 잘못을 애써 외면할 수도 있습니다. 그렇다고 해서 아이의 반응에 지나치게 신경 쓴 나머지 본래의 목적, 즉 아이에게 전달하고자 하는 훈육의 내용을 잊어버려서는 안 되겠지요.

사실 야단에 대한 아이의 독특한 반응은 대개 부모의 처벌을 벗어나기 위한 것이므로 여기에 휘말려서는 안 됩니다. 부모는 아이가 부정적인 반응을 보이더라도 이에 대해 과도하게 대응하기보다는 본래 아이가 잘못한 행동에 초점을 맞추는 것이 필요합니다.

야단을 칠 때 부모가 자주 저지르게 되는 실수가 있습니다.

첫 번째, 가장 흔한 것이 '감정에 치우쳐서 혼을 내는 것'입니다.

부모 또한 사람인지라 아이에게 몇 번 경고했는데도 아이가 말을 들지 않으면 화가 날 수밖에 없습니다. 그렇지만 화난 감정에 치우쳐서 처벌하게 되면, 아이도 감정적으로 받아들여 아이와 부모와의 관계가 악화될 수 있습니다. 이럴 땐 야단치는 것을 멈추고 부모의 감정부터 먼저 가라앉혀야 합니다.

극도로 화가 날 때에는 '타임아웃(time-out)' 방법을 써 보세요. 일단 아이를 다른 방으로 보낸다든지 아니면 엄마가 다른 장소로 가서 잠깐 공간을 분리해 보세요. 일종의 휴전인 셈이지요. 이때 중요한 것은 아이를 눈으로 보지 않는 것입니다. 그렇게 1분만 지나도 극도로 화난 감정은 다소 가라앉습니다. 분노의 속성이 그렇거든요. 분노의 절정 순간을 피하는 가장 훌륭한 지혜는 '시간 벌기'입니다. 이것은 아이를 위해서도 필요하지만 사실은 부모인 우리를 위해서 더 필요합니다.

"어휴! 내가 쟤 때문에 못살아!"

그렇습니다. 엄마들이 아이들과 승강이를 벌이면서 자주 하는 얘기처럼 화를 자꾸 내면 스트레스에 의한 심장질환에 걸릴 가능성이 높습니다.

두 번째, '공공장소나 다른 사람들이 있는 곳에서 아이를 심하게 야단치는 것'입니다.

아이도 인격을 갖춘 존재인데 사람들 앞에서 꾸지람을 당하면 창피함을 느끼고 수치심도 높아질 수밖에 없습니다. 그 결과 자신의 잘못을 인식하기는커녕 자신을 창피하게 만든 부모에 대한 원망이 커질 수 있습니다. 그러면 야단치기가 오히려 역효과를 낼 수 있지요. 게다가 어수

선한 분위기에서 야단치면 다른 데 정신이 팔려서 엄마 얘기를 잘 듣지도 못합니다. 아이가 산만해진 상태에서 엄마의 꾸중이 제대로 먹혀들리 만무하지요.

이럴 땐 사람들이 없는 조용한 곳으로 데려가야 합니다. 분위기 잡고 단호한 어조로 야단을 치세요. 참! 그 전에 아이가 흥분 상태에 놓여 있다면 아이를 진정시키는 것이 우선이겠지요.

세 번째, 아이의 입에서 '잘못했어요!'라는 답을 꼭 듣고야 말겠다는 부모의 경우입니다.

이것은 엄마들이 흔히 저지르는 실수 중 하나입니다. 물론 아이가 반성하는 의미에서 "잘못했어요!"라고 한다면 더할 나위 없이 좋겠습니다만, 그 말을 입에서 나오게 하려고 불필요한 승강이를 하는 것은 효과적인 방법이 못됩니다. 또한 꾸중 시간이 너무 길어지면 효과가 떨어집니다. 가능하면 5분 이내에 끝내세요.

만일 아이가 끝내 자신의 잘못을 말로 인정하지 않는다면 "네가 한 행동은 분명한 잘못이야"라고 선언한 후 상황을 종료하는 게 좋습니다. 비록 아이가 말로는 인정하지 않았다손 치더라도 마음속으로는 인정했을 것이라고 믿으세요.

아이들의 대항

일반적으로 야단맞은 후의 아이들은 어떤 반응을 보일까요?

첫째, 대부분의 아이들은 야단을 치면 거꾸로 화내거나 반항부터 하고 봅니다.

아동심리학적으로 볼 때 아이들은 엄마의 야단치는 말과 행동을 자신에 대한 공격으로 받아들입니다. 그러니 아이의 처지에서는 방어 본능으로 화부터 내고 보는 것이지요. 특히 평소 엄마와 아이와의 관계가 좋지 않다면 이렇게 행동할 가능성이 더욱 높아집니다. 엄마가 자신의 행동을 야단치는 것으로 받아들이기보다 자신의 존재 자체에 대한 위협으로 받아들이기 때문입니다. 마음속으로는 상당히 불안한 심리가 숨어 있습니다.

이럴 때 엄마는 어떻게 해야 할까요?

아이가 화를 낸다고 더 야단을 친다거나 또는 더 크게 화를 내서 아이를 제압하려고 하는 것은 좋지 않은 방법입니다. 오히려 아이가 그럴수록 엄마는 침착하고도 차분한 태도를 유지해야 합니다. 우선 목소리의 톤을 낮추고 아이의 화를 가라앉혀야 합니다. 아이의 화가 가라앉을 때까지 잠시 기다리는 것도 좋습니다. 이때 엄마는 절대로 흥분하거나 당황스러운 기색을 보여서는 안 됩니다. 아이는 이 와중에서도 엄마의 표정을 분명히 살피고 있을 테니까요. 결국 엄마가 흔들리지 않아야 아이의 화를 가라앉힐 수 있습니다.

만약에 아이가 물건을 던지거나 발로 차는 등의 공격적인 행동을 보인다면 아이의 몸을 세게 잡고 움직이지 못하게끔 제압해야 합니다. 몸집이 큰 아이라면 아빠에게 말해서 도움을 청하는 것이 좋습니다.

둘째, 피하거나 도망가는 유형입니다.

아이는 엄마를 두려워하고 있거나 또는 규율과 훈육 자체가 전혀 이루어지지 않았기 때문입니다. 피하는 것은 화내는 엄마로부터 벗어나고자 하는 심리에서 비롯된 것입니다. 그리고 도망치는 것은 엄마가 야단칠 때 이를 듣고 있어야 한다는 기본적인 관념이 형성되어 있지 않았기 때문이지요.

이럴 때 엄마는 어떻게 해야 할까요?

아이에게 야단칠 때는 반드시 실내 또는 방 안에서 아이를 붙잡고 말해야 합니다. 그렇다고 해서 도망친 아이를 억지로 쫓아가서 잡아올 필요까지는 없습니다. 이럴 때는 야단치는 것을 뒤로 미루되 나중에라도 반드시 야단은 쳐야 합니다. 아이에게 도망가는 것은 일시적인 방편에 불과하다는 것을 알려 주어야 하니까요. 엄마는 아이를 다시 만났을 때 조금 전의 잘못에 대해 다시 말하세요. 그리고 이번에는 도망치지 말 것을 미리 주지시킨 후에 야단을 쳐 보세요.

셋째, '듣는 둥 마는 둥' 하는 유형입니다.

이럴 경우엔 대개 엄마들은 굉장히 난감해합니다. 또 약도 바짝바짝 오르고 속되게 표현하면 한마디로 '열' 받는 거지요. 아이는 자신이 잘못한 것에 대한 인식이 별로 없거나 자신에게 싫은 소리를 하는 것을 의식적으로 차단하기 위해서 '듣는 둥 마는 둥' 하는 행동을 보입니다. 혹은 주의집중력이 부족한 아이의 경우에도 이런 반응을 보이지요. 이럴 때 아이의 눈을 똑바로 마주치고 아이가 듣고 있는지 확인한 후에 야단을 쳐야 합니다.

만일 아이가 '듣는 둥 마는 둥' 한다면 다른 행동을 하지 못하게 합니다. 이때 주의해야 할 것은 아이의 행동에 대해 엄마가 감정적으로 화를 내서는 안 된다는 것입니다. 비록 야단치기를 당장 못한다고 해도 아이의 현재 행동을 멈추게 하는 것이 먼저니까요. 그러고 난 다음에 엄마의 눈을 보게 하는 등 주의를 환기시키는 것이 필요합니다. 즉, 단호하고 엄한 표정으로 아이의 눈을 똑바로 마주치는가 하면, 경우에 따라서는 아이의 머리나 몸을 엄마가 직접 움직여서 엄마 쪽으로 돌리게 해야 합니다. 그 다음에 필요한 야단을 쳐야 합니다.

넷째, 소위 '삐치는' 유형입니다.

'삐치기'는 어른들도 불만의 표현으로 자주 사용합니다. 아이들이 삐치는 이유는 야단을 치는 엄마에 대한 실망감이 들었기 때문입니다.

그러한 실망감을 삐치는 것으로 표시하는 것이지요. 나를 사랑해 주는 엄마가 나에게 싫은 소리를 하는 것 자체를 받아들이지 못합니다. 그래서 아이는 나름대로 엄마를 공격하고 있는 중입니다. 화내거나 반항하는 것이 '능동적인 공격'이라면, 삐치는 행동은 '수동적인 공격'이라고 할 수 있습니다.

엄마는 어떻게 대응하는 것이 좋을까요?

아이가 삐친다고 해서 그냥 넘어가거나 또는 그에 대해 더욱 문제를 삼아서 더 심하게 야단쳐서는 곤란합니다. 아이의 삐치는 태도를 당장 고치려고 하기보다는 원래 아이의 잘못된 행동에 대한 훈육의 초점을 잃지 말아야 합니다. 즉, 아이의 삐침에 말려들어서는 안 됩니다.

그럴 때는 아이의 삐침에 대해서 무관심하게 대처해 보세요. 아이에게 '내가 삐쳐도 우리 엄마는 결코 흔들리지 않는다'는 메시지를 전달해 주는 것이 좋습니다. 또한 '엄마는 네가 미워서가 아니라 네 잘못된 행동에 대해 야단치는 거야'하는 점도 주지시킬 필요가 있습니다.

다섯째, 애교를 부리는 유형입니다.

귀엽기도 하고 때론 얄밉기도 한 영리한 아이들의 유형이지요. 이러한 아이들은 엄마에게 혼나는 강도를 줄이려는 심리가 가득 있습니다. 여기에는 자신의 잘못을 어느 정도 알고 있다는 의미가 담겨 있지요. 또한 자신이 애교를 부린다는 것은 엄마의 기분을 좋게 만들어서 다른 쪽으로 주의를 기울이게끔 하는 것이므로 상당히 고차원적인 기술이라고도 할 수 있습니다.

귀엽기는 하지만 반드시 잘못은 지적하고 재발되지 않도록 인식시켜야 합니다. 하지만 아이가 애교를 부린다는 것은 자신의 잘못을 인정한다는 뜻으로 받아들여서 처벌 강도를 줄여 줄 필요가 있습니다. 아이로 하여금 엄마가 자신의 애교에 반응했다는 긍정적인 느낌을 갖도록 해주세요.

만일 아이가 끝까지 애교를 부리면서 자신의 잘못을 인정하지 않는 태도를 보인다면, 앞으로 엄마는 아이의 애교에 반응하지 말고 침착하고도 냉정한 태도를 유지해야 합니다. 그러면서 아이에게 잘못했다는 것을 인정해야 한다고 말하세요.

아이 키우기 참 어렵지요?

이제 우리 부모들도 자녀의 특성에 맞춰 이른바 '맞춤야단'을 쳐야 하는 지혜가 필요합니다. 시대가 바뀌고 우리와는 다른 사회적 환경 속에서 성장하는 아이들이니 시대와 아이들에게 맞춘 교육 방법은 어쩔 수 없는 현실입니다.

간간이 '내가 어렸을 적에는……' 하고 아이를 나무라는 부모님들이 있습니다. 아이들에겐 별로 좋은 방법이 아닙니다. 아이들은 그 시대 자체를 이해하지 못하니까요.

낭비를 일삼는 아이에게 엄마 왈,

"엄마 아빠가 어렸을 적에는 쌀이 없어서 끼니도 제대로 못 챙겨 먹었어. 좀 아껴 써!"

시큰둥한 아이의 대답이 돌아옵니다.

"그래? 쌀 없으면 라면 끓여 먹으면 되잖아!"

너무 구시대적 개그인가요? 이것이 바로 시대가 바뀌었고, 이젠 훈육도 맞춤식으로 할 수밖에 없는 이유입니다.

다·툼·과·싸·움
지혜로운 전쟁

사람이 살아가는 동안에는 어쩔 수 없이 크고 작은 다툼과 싸움을 하
게 마련입니다. 가재도구가 다 부서지는 '대형 참사'에 버금가는 부부
싸움이 있을 수도 있고, 가볍게 말다툼으로 끝나는 사소한 싸움도 있지
요. 아이들도 성장하면서 하루가 멀다 하고 토닥토닥 싸움들을 하지요.

결국 싸움과 다툼은 다소의 차이는 있을 수 있지만 사람이 살아가는

데 어쩔 수 없이 거쳐야 하는 일입니다. 다만 싸움과 다툼을 얼마나 슬기롭게 하느냐가 관건이 되겠지요. 비록 싸움 자체가 바람직한 일은 아니지만 때로는 교육적 효과를 거둘 수도 있습니다.

부부싸움의 지혜

우리는 일반적으로 엄마 아빠가 싸우는 모습을 아이에게 보여서는 안된다는 강박관념을 가지고 있습니다. 하지만 순간적으로 화가 날 땐 이런 이성적인 판단과 제어가 되지 않습니다. 그리고 싸움이란 게 '자, 지금부터 싸움합시다' 하고 시작되는 것이 아니라 사소한 말다툼부터 시작해서 어느 틈엔가 싸움으로 번지기 때문에 애 키우면서 싸우는 모습을 보여 주지 않는 것은 여간 어려운 일이 아닙니다.

가급적 아이들이 보는 앞에서 부부싸움은 하지 않는 것이 좋겠지만, 어쩔 수 없이 싸움으로 번졌더라도 다음의 행동들만은 피해야 합니다.

먼저, 절대로 해서는 안 되는 것이 '폭력적 행동'입니다.

신체적인 폭력뿐 아니라 언어적인 폭력도 포함됩니다. 즉, 배우자를 때리거나 또는 욕설을 퍼붓는 것은 절대 금물이지요. 지금 나의 싸움 상대자는 나의 배우자이기도 하지만 내 아이에게는 더 없이 소중한 엄마, 아빠입니다. 이 말은 어느 한쪽이 피해를 입더라도 아이에겐 충격이 될 수밖에 없다는 것입니다. 따라서 싸우더라도 상대방의 인격을 반드시 존중해 줘야 합니다.

그리고 극단적인 '흥분' 은 자제해야 합니다.

기물을 파괴하거나 자해적 행동을 목격한 아이들이 받는 정신적인 충격은 생각보다 심각하며 이 충격은 아이가 성장해서도 쉽게 지워지지 않습니다. 또 부부싸움을 하다 보면 "그럼, 헤어져", "이혼해"라는 말을 습관적으로 쓰는 부부가 종종 있습니다. 감정이 격해져서 싸우다 보면 이혼 얘기가 나올 수 있겠으나, 이것이 실제 이혼으로 이어지는 경우는 사실 많지 않습니다. 하지만 아이는 기정사실로 받아들일 수 있고 이로 인해 극도의 불안과 두려움에 괴로워하게 됩니다.

또한 상대방의 잘못을 직접적으로 부각시키는 것을 피하세요.

가령 바람을 피웠다든지 또는 카드 빚 등으로 금전적 손해를 입었다든지 하는 말을 하게 되면, 아이는 한쪽 부모에 대한 존경심을 잃게 될 뿐더러 한쪽 부모를 우리 가족의 평화를 해치는 원망과 비난의 대상으로 삼을 것입니다.

어쩔 수 없이 부부싸움을 했다면 싸움이 끝난 후에는 반드시 아이와 대화하는 시간을 가지세요. 아빠와 엄마가 서로 생각이 달라서 싸움으로 번졌다고 얘기하면서 다시 화해할 거라는 말로 아이를 안심시켜 주세요. 싸우게 된 이유에 대해서 구체적으로 말할 수는 없겠지만, 아이의 연령 정도에 따라서 어느 정도는 명확한 이유를 대는 것이 좋습니다. 그래야만 아이가 막연한 불안감에 휩싸이지 않으니까요.

4~9세 정도의 아이들은 부모가 싸우는 이유가 자신이 지난번에 잘못한 것 때문일 것이라는 막연한 생각을 합니다. 그래서 부모의 싸움을 자기 탓이라고 자책하게 되는 거죠.

부부싸움도 여러 유형이 있습니다. 진흙탕에서 서로 뒹구는 것처럼 인신공격과 폭력이 난무하는 싸움에서부터 거의 학문적 논쟁에 가까울 정도로 언어적 논리를 이용하는 싸움도 있지요. 각자의 성격, 교육적 배경, 환경적 요인 및 평소 부부의 관계에 따라 유형이 달라지겠지만, 가급적 덜 감정적이고 덜 파괴적인 싸움을 하세요. 이는 아이가 나중에 다른 사람과의 갈등으로부터 싸우는 상황에 이르렀을 때 어떻게 싸워야 하는가를 제시해 주는 본보기가 되기 때문입니다. 말하자면 건강하게 싸우는 방법을 가르쳐 주는 것입니다.

형제, 자매간 다툼의 중재

형제끼리 싸울 때 부모들은 대부분 재판관의 역할을 하려고 합니다. 부모가 판단하기에 어느 한쪽의 잘못이 더 크다고 생각하는 경우가 많은데, 이는 위험한 생각일 뿐만 아니라 성급한 결론입니다. 중요한 것은 이유가 어찌되었든 형제가 결국 싸움을 했다는 점입니다.

간혹 부모가 공평하게 야단친다고 생각하여 "너는 이것이 잘못이고,

또 너는 이것이 잘못이다"라고 얘기해 주는 경우가 있습니다. 그것이 잘 받아들여진다면 다행이겠지만, 약이 오른 아이들에게는 받아들여지지 않는 경우가 더 많습니다. 따라서 둘 다 억울함을 느낄 수 있으므로 그에 대한 판단과 훈육은 아이들의 감정이 안정된 나중으로 미루는 것이 좋습니다.

큰아이는 큰아이라서, 작은아이는 작은아이라서 혼내는 경우가 많은데 이 방법은 둘 다에게 상처를 줄 수 있습니다. 왜냐하면 이 싸움은 상대방의 잘못 때문에 일어난 것인데, 그 때문에 나까지 혼난다고 생각하기 때문입니다.

이러한 자기중심적인 사고에서 벗어나지 못하는 아이들에게 혼을 내거나 매를 드는 것은 오히려 상대방에 대한 배려와 이해를 할 수 있는 능력 발달에 부정적 영향을 줄 수 있습니다. 큰아이와 작은아이에게 각자의 바람직한 행동에 대해서 말해 주고 기대하는 것이 더 중요합니다.

연령 차이가 얼마 나지 않는 자매와 형제는 당연히 자주 싸우게 됩니다. 이들은 서로 경쟁적인 관계가 되기 쉬우며 옷이나 장난감 등 공유하는 물건이 많기 때문이지요. 따라서 부모의 균형 감각이 필요합니다. 그러기 위해서는 형제의 특성과 발달 정도를 잘 파악해야 합니다. 즉, 큰아이는 조용하고 내성적인 반면 작은아이는 매우 활동적이고 욕심이 많아서 늘 형을 이겨 먹으려고 한다면, 형제 사이의 우애 및 서열을 늘 강조하는 것이 중요합니다. 반대로 형이 일방적으로 동생을 지배하려 든다면, 동생은 결코 형 마음대로 할 수 없는 존재라는 인식을 심어 주어야 하겠지요.

서로 비슷한 특성과 기호를 보이는 아이들이 싸운다면, 조금 더 '공평성'에 신경을 써야 합니다. 또 차이를 둔다면 어떠한 상황에서 또는 어떠한 물건에서 차이를 둘 것인지도 아이들이 납득할 만한 수준에서 정해야 합니다. 그리고 일단 그러한 기준이 정해지면 일관되게 적용해야 합니다. 엄마의 기분에 따라 어떨 때는 둘 다 똑같게, 어떨 때는 차이를 둔다면 끝없는 분쟁이 생겨날 것입니다.

오빠와 여동생의 싸움 또는 누나와 남동생의 싸움도 자주 있는 일입니다. 남매의 싸움은 터울 및 성별의 차이를 모두 고려해야 합니다. 세 살 터울인 남동생은 자긴 남자니까 여자인 누나보다 힘이 세다고 생각하기 때문에 걸핏하면 누나에게 대들고 폭력을 쓰려고 합니다. 반대로 누나 입장에서 보면 세 살이나 어린 동생은 자기 말을 잘 들어야 하는데 전혀 그렇지 않으니 늘 트집을 잡고 같이 싸우려 들 것입니다.

엄마 생각에는 남자아이가 주먹을 사용하는 것은 봐줄 만한데 여자아이가 그러는 것은 문제가 심각하다고 판단합니다. 그러면 당연히 누나가 더 잘못한 것으로 되지요. 그러나 이것은 잘못된 판단입니다. 그렇게 된 원인과 과정을 살펴보는 것이 더욱 중요합니다. 기본적으로 누나가 더 윗사람이라는 인식을 동생에게 심어 주고, 또한 먼저 주먹질을 하지 말 것을 가르쳐 줘야 합니다.

남매의 싸움에 성별의 특성을 강조하여 야단치거나 해결하려는 것은 아이들 처지에서는 불공평하다고 느끼기 쉽습니다. 또한 편향된 성별의 특성이나 고정관념을 심어 주게 됩니다.

아이들에게 직접 설명하고 가르칠 때 '너는 형이니까' 또 '너는 동생이니까' 이러이러한 것을 양보해야 한다는 것보다는 '각자의 행동이 상대방을 기쁘고 즐겁게 하면, 그 결과 나는 더욱 기분이 좋아질 것이다'라는 교훈을 심어 주는 것이 좋습니다.

반대로 '상대방이 마음에 들지 않는다고 해서 내가 상대방을 기분 나쁘게 하면, 상대방도 나에게 기분 나쁘게 대응할 것이므로 내 기분은 더욱 나빠질 것이다'라는 점도 가르쳐 주세요.

또래 간의 다툼

어렵고 난처한 경우는 친구들과의 싸움입니다. 아이들은 싸우면서 큰다고 합니다. 정말로 싸우면서 크려면 친구와 싸운 아이를 어떻게 이끌어 주어야 할까요? 무조건 친구들을 비난하거나 혹은 반대로 자녀를 비난하는 것은 옳지 않습니다.

먼저 어떠한 이유로 해서 싸움에 이르게 되었는지 아이의 생각과 설

명을 충분히 들어 보세요. 이때 아이의 마음이 몹시 상해 있다면 아이의 마음부터 위로해 주고 감싸 주어야 합니다. 이때는 부모가 적당히 내 아이의 편을 들어도 좋습니다. 너무 냉정하게 사태를 수습하는 태도보다는 엄마가 든든한 후원자가 되어야 합니다. 그래야 아이는 마음 놓고 엄마에게 모든 것을 털어놓을 것입니다.

혹시 내 아이가 친구와 싸우는 장면을 직접 보았다면, 먼저 그 상황을 중단시킨 후 곧바로 누가 잘못했는지 따지기보다는 둘의 감정적 흥분 상태를 가라앉히도록 도와주어야 합니다.

만약 여기에서 일방적으로 내 아이를 편들고 상대방 아이를 야단친다면, 어른들의 싸움으로 번지기 쉽습니다. 반대로 내 아이를 더 야단친다면 내 아이가 마음의 상처를 입을 수 있지요. 나중에 아이의 마음이 진정된 후에는 싸움에 이르게 되었던 이유를 물어보세요. 물론 아이의 생각을 충분히 들어야 합니다.

그리고 우리 아이가 어떠한 문제가 있었는지 냉정하게 생각해 볼 필요가 있습니다. 즉, 아이가 너무 자기중심적이거나 친구를 사귀는 기술이 부족한 건 아닌지 또는 자신감이 부족하거나 너무 공격적인 성향이 있는 것은 아닌지 등을 알아보고 점차 이를 바로잡아 주어야 합니다.

대부분의 아이들은 자신을 싫어하는 친구들에게 문제가 있다고 판단합니다. 따라서 자신을 싫어하는 태도나 말을 들으면 이를 응징하느라 폭력부터 쓰게 되고, 심한 경우는 무심코 던진 친구들의 말에 지나친 피해의식을 가지고 공격적으로 대응하기도 합니다.

한편으로는 자신이 친구들보다 더 강하다는 것을 확인하려는 심리도 있지요. 친구들에게 접근하는 방법의 미숙함 때문에 그럴 수도 있습니다. 놀고는 싶은데 '사회적 기술(social skill)'이 부족해 친구의 관심을 적절하게 이끌어 내지 못하다가 공격적 또는 충동적 행동으로 접근을 시도합니다.

사과의 기술

사과하는 기술도 중요합니다. 누가 원인 제공을 했는가에 지나치게 매달리면 아이는 사과하기가 싫어지고 억울함도 많이 느낄 수 있습니다. 때린 아이는 상대방에게 신체적 상처를 입힌 점에 대해서 사과하도록 하고 맞은 아이는 상대방에게 자신도 같이 싸워서 주먹질을 한 것에 대해서 사과하도록 하는 것이 좋습니다. 잘잘못을 가리는 과정에서 부모 싸움으로 번지는 경우가 많기 때문에 서로의 잘못이 있다는 것을 인정해야 합니다.

엄마로서 친구에게 사과하는 방법을 가르치기 위해서는 사과를 하는 이유에 대해서 충분히 설명하여 아이를 이해시키고, 사과하는 방법에 대해서 아이와 함께 의논해야 합니다. 즉, 이메일이나, 편지, 전화, 그리고 학교에서 하거나 친구 집을 방문하는 등 아이가 편한 방법을 선택할 수 있도록 도와주는 게 좋습니다. 필요하다면 엄마가 아이 앞에서 친구 부모에게 사과하는 모습을 직접 보여 주는 것도 좋은 방법입니다.

사과한 후에 부모들 간에 관계가 돈독해지는 것을 눈으로 본 아이들은 사과하는 기술도 배우고 먼저 '사과하는 것'이 창피한 것이 아니라 또 하나의 친구를 사귀는 과정임을 느낄 수 있습니다.

구·성·육·아

육아, 이제는 맞춤시대

요즘 엄마들에게 '아이 키우기'는 큰 숙제입니다. 옛날엔 "낳기만 하면 아이들은 알아서 큰다"라고 했지만 요즘은 어디 그렇습니까? 더욱이 맞벌이하는 부부가 늘어나면서 아이의 육아 문제는 심각한 사회 문제가 되고 있는 실정입니다.

아이를 키우는 기본이야 어디 바뀌겠습니까만 사회가 변화되어 가는

추세에 맞춰 우리의 육아법도 달라져야 합니다. 특히 최근에는 자녀들의 구성에 따른 육아법에 대한 관심이 아주 높습니다. 남매, 자매, 형제, 외동아이, 쌍둥이 등 자녀의 구성에 따라서 조금은 다르게 키워야 하지 않을까 하는 것이지요. 이른바 구성육아법입니다.

남매

먼저, 남매의 경우는 일반적으로 바람직한 구성이라고 볼 수 있지만 반대로 성별이 달라서 생기는 문제점들도 있게 마련입니다. 남자아이와 여자아이를 키울 때 각자의 방을 따로 주어야 한다는 것은 알고 있지만, 생활 여건이 여의치 않을 때는 언제부터 방을 따로 사용하게 하는 것이 좋은지 고민하게 됩니다.

대부분의 아이들이 초등학교에 진학하게 되면, 친구들과 자신을 비교하게 되면서 자신만의 공간을 원하기 때문에 초등학교 입학 무렵부터는 각자의 방을 사용하도록 해 주세요. 초등학교에 들어서면서부터는 발달학적으로도 자연스럽게 동성의 친구들과 어울리는 것을 더 좋아하고, 이성의 남매와 같은 방을 쓰는 것을 창피하게 생각합니다.

서로의 신체가 다르기 때문에 남자와 여자가 서로의 알몸을 보거나 또는 함께 목욕하면 안 된다는 식의 단순한 '도덕적 규칙(moral rule)'을 중시하는 시기이기도 합니다. 또 툭하면 오빠가 여동생을 때려서 울리기도 하지요. 이때 무엇보다도 중요한 것은 '폭력은 절대 용납될 수 없다' 고 가르치는 일입니다.

또 오빠가 여동생을 위해 어떤 일을 했을 때 적극적으로 칭찬해 주세요. '보상' 을 통한 '긍정적인 강화' 를 통해서 오빠가 항상 동생에게 호의적으로 대할 수 있도록 도와줍니다.

남매의 나이 차이가 많을 때는 별 문제가 없지만, 나이 차이가 적을 경우는 남동생이 힘으로 누나를 억박지르는 경우도 꽤 있습니다. 이때 역시 어떠한 경우라도 폭력은 옳지 않다는 것을 가르쳐야 합니다. 또 누나는 여자이기 때문에 남자보다 신체적으로 힘이 약하다는 것을 알려주고, 앞으로는 '네가 누나를 보호해 줘야 한다' 고 가르치세요. 동생에게 신체적인 우월감과 자긍심을 심어 주는 것도 좋은 방법입니다.

남자아이와 여자아이는 좋아하는 놀이가 서로 다르기 때문에 남매끼리 노는 것보다는 동성의 또래 친구들과 노는 것을 더 좋아하게 됩니다. 이럴 경우 남는 한쪽은 자연히 놀이로부터 소외되는 경우가 많습니다. 남매끼리 놀 때는 서로 공유할 수 있는 놀이를 하도록 유도하고, 오빠나 누나가 또래 친구들과 놀 때는 엄마가 동생의 친구가 되어 줍니다.

일반적으로 늘 뛰어놀며 자주 말썽을 피우는 남자아이들과 달리 여자아이들은 성장이 빠르고 애교가 많아서 남자아이들보다 더 귀여움을 받는 경우가 많습니다. 때문에 남동생은 누나의 비교 대상이 되어 주눅이 들기도 하고 오빠는 여동생에게 심통을 부리는 경우도 생깁니다.

무엇보다도 중요한 것이 부모는 늘 '중립적인 입장'을 지켜주는 것입니다. 그리고 엄마, 아빠는 남매를 둘 다 똑같이 사랑한다는 것을 늘 강조하고 표현해 주세요.

다소 황당한 경우도 있습니다. 가령 여동생이 오빠처럼 서서 소변을 보는 것이지요. 특히 집안 분위기가 남자아이를 더 중시하는 분위기일 경우, 여자아이는 자기도 오빠 혹은 남동생처럼 서서 소변을 보려고 합니다. 이럴 때는 아이를 나무랄 것이 아니라 남자와 여자의 신체 구조상 그 차이점에 대해 자세히 설명해 주는 것이 좋습니다. 일종의 성교육을 하는 셈이지요.

누나와 남동생 간에 나이 차이가 많을 경우 상대적으로 성장이 빠른 누나의 이차 성징이나 속옷, 월경 등에 대해서 호기심을 보이게 됩니다. 큰아이가 이차 성징이 시작될 무렵부터는 남매 모두에게 남자와 여자의 신체 차이를 말해 주고 이차 성징은 놀리거나 부끄러워할 일이 아님을 분명히 알려 주세요.

동성 형제, 자매

동성 형제나 자매의 경우는 서로 간의 이해를 높일 수 있고 이성 형제보다는 더 자연스럽게 친구처럼 지내고 놀이 등의 활동을 같이 할 수 있다는 장점이 있습니다. 그러나 서로 간의 경쟁이나 질투는 이성 형제 때보다 더 심각해질 수 있습니다. 자매의 경우는 덜하지만 형제의 경우는 단순한 다툼으로 시작해서 결국 주먹다짐으로 번지는 경우가 많습니다.

간혹 '남자애니까' 하면서 크게 다치지 않는 한 놓아두는 부모도 있습니다. 하지만 폭력은 학습을 통해서 습관이 되기 때문에 되도록 막는 것이 좋습니다. 이때 부모가 아이들이 잘못했다고 해서 두 아이에게 매를 드는 것은 폭력을 정당화시키는 행동이 될 수 있으니 체벌 대신 다른 벌을 주도록 하세요.

좋은 방법은 '불이익을 주는 것' 입니다. 예를 들면 장난감을 정리하도록 시킨다거나, 벽을 보고 몇 분간 서 있게 하거나, 다른 방에 잠시 가 있도록 하는 벌(소위 '타임아웃')이 체벌보다 바람직합니다.

자매는 형제나 남매에 비해서 사이가 좋은 경우가 많습니다. 하지만 인형놀이 등을 하게 되면 여지없이 싸우게 되는데 이는 질투심이나 경쟁심이 많기 때문이지요. 여동생은 어릴 때는 언니 것을 물려받는 것에 대해 기쁨을 느끼지만, 어느 정도 크고 나면 '새 것', '예쁜 것'이 좋다는 것을 알게 되므로 언니와 싸우는 일이 잦아집니다. 비싸지 않은 물건이라면 똑같은 것을 사 주도록 하고 비싼 물건이라면 아이들의 의견을 존중해서 구입하는 것이 좋습니다.

특히 자매의 경우 아이들끼리의 경쟁 심리를 긍정적 경쟁 관계로 만들면 의외로 아이들의 발전에 여러모로 도움이 됩니다.

외동아이

과거에는 외동아이에 대해서 부정적인 시각이 많이 있었는데, 요즘은 한집 건너 외동이다 보니 그런 시각은 없어진 것 같습니다. 외동아이는 부모의 사랑과 지지를 충분히 받기 때문에 오히려 지적인 호기심을 충족시키기에 유리하고 그 결과 학습 능력이 더욱 발달한다는 연구 결과도 있습니다.

실제로 아인슈타인, 존 레논, 안데르센, 타이거 우즈 등 큰 업적을 이룬 위대한 인물들 중에는 외동아이 출신이 많지요. 외동아이의 경우 부모의 사랑과 관심을 충분히 받는다는 점에서 좋을 수 있지만, 형제자매가 있음으로 해서 얻을 수 있는 장점을 스스로 터득해야 하는 어려움이 있습니다.

그렇다면 외동아이의 경우 어떠한 문제점들을 눈여겨봐야 할까요?

인간에 있어 좌절과 극복은 건강한 심리적 발달에 필수적인데 외동아이의 경우 이 점이 간과되기 쉽습니다. 또 부모들이 '어떻게 해서 얻은 내 아이인데' 혹은 '하나밖에 없는 아이니까' 라는 이유로 무조건적인 사랑과 수용을 하는 경우가 많이 있습니다.

아이는 '적당한 좌절(optimal frustration)' 을 경험하면서 세상에서 해서 되는 일과 안 되는 일을 배워 나가고, 규칙과 제한을 준수하면서 따르는 능력이 생기게 마련인데, 그 첫 좌절은 사실 부모로부터 경험하는 것입니다.

일반적으로 아이가 무리한 요구를 하면 "안 돼"라고 부모가 금지시킵니다. 하지만 아이는 이를 무시하고 떼를 쓰거나 징징대면서 부모의 마음을 흔들면 웬만한 부모는 아이의 작전에 말려듭니다.

외동아이들은 자신의 주변에 있는 사람들이 자신의 요구를 충족시켜 주기 위해서 존재한다고 생각할 수 있습니다. 그런 생각이 몸에 배어 유치원이나 초등학교에 들어가면 친구들 사이에서 적응하기가 여간 어려운 것이 아닙니다. 자칫 잘못하면 '왕따'를 당할 수도 있습니다. 비록 눈에 넣어도 아프지 않을 외동아이라고 할지라도 적절하게 아이의 욕구를 제한하는 것은 아이를 위해 꼭 필요한 일입니다.

많은 사람들은 어릴 적 형제자매 간에 있었던 많은 일들을 기억하고 있을 것입니다. 서로 재미있게 놀았던 일, 서로 싸웠던 일, 온 식구가 같이 놀러 갔던 일 등 이러한 경험들은 우리의 삶을 풍부하게 만들지요. 반면 혼자서 자랐던 많은 사람들은 '나는 참 외롭게 자랐어. 언니나 동생이 있었으면 좋았을 텐데……'라는 생각을 많이 합니다.

요즘은 말을 늦게 배우는 아기들이 늘고 있는데, 부모가 바빠서 아이를 잘 돌보지 못하는 이유도 있지만 형이나 언니와 함께 놀면서 말을 배우지 못한 것도 한 이유입니다. 인간에게 있어서 최초의 대인 관계는 부모와의 관계입니다. 그리고 그 다음에는 형제와의 관계입니다. 그러고 나서 친구 관계로 발전하는 것입니다. 외동아이들은 이 중요한 두 번째

단계를 생략한 채 자라나게 됩니다.

따라서 그 대신에 친구들과 어울려서 노는 기회를 풍부하게 제공할 필요가 있음은 두말할 나위가 없겠지요? 우리의 성공적인 사회생활은 원만한 대인관계에서 비롯되니까요.

쌍둥이

쌍둥이는 생긴 것이 똑같고 거의 비슷한 형질을 타고났다는 점에서 두 명으로 보기보다는 마치 한 명으로 인식하려는 경향이 있습니다. 그러나 아무리 쌍둥이라고 할지라도 각각의 개성을 존중해 주고, 서로 다른 개인이라는 점을 인정해 주는 육아법이 필요합니다.

따라서 논란의 여지가 있긴 하지만, 쌍둥이라고 해서 늘 똑같은 옷을 입히고 똑같은 장난감을 사 주는 것보다는 각기 다른 옷을 입히는 것이 개성을 살리는 점에 있어서는 더 유용합니다. 부모님이 먼저 두 아이가 똑같아야 한다는 생각을 버리고 상대방과 비교하는 것도 자제해야 합니다.

대개 쌍둥이들은 일반 형제자매보다 서로 감정적으로 더 가깝게 느낍니다. 서로 자연스럽게 타고난 가장 가까운 친구인 셈이기도 하지요. 이것은 분명하게 큰 장점입니다. 그러나 각각 서로의 친구들을 사귀고 서로의 취미를 가지게 하는 것이 좋습니다. 즉, 지나치게 서로 의존적이고 서로의 울타리 안에서만 생활하는 것은 바람직하지 못하다는 말입니다.

　그리고 쌍둥이라고 부르기보다는 각자의 이름을 부르고, 학교에서도 서로 다른 학급에 배치시키는 것이 좋습니다. 그리고 쌍둥이에게 있어서는 아이들 스스로 서로 공평해야 한다는 점에서 다른 형제들보다 더욱 예민할 수 있으니 특히 유의해야 합니다.

위대한 선물

　　습관의 힘은 참으로 대단합니다. 습관은 하나하나를 보면 미미하고 별것 아닌 것처럼 보이지만 오랜 세월 동안 이 습관들이 지속될 때 엄청난 힘을 발휘합니다. 위대한 인물들은 대부분 좋은 습관들을 가지고 있습니다. 아니지요, 어쩌면 그 좋은 습관들이 위대한 인물을 만들어 냈다고 말할 수 있습니다.

좋은 습관을 길들이려면 일정 기간 동안 노력이 필요하지만 한번 길들여진 습관은 쉬 바뀌지 않고 평생 동안의 큰 축복이 됩니다.

책 읽기도 마찬가지입니다. 어릴 적부터 책 읽기가 습관이 된 아이는 성장하면서도, 그리고 성인이 된 후에도 여전히 책을 가까이하게 됩니다. 독서가 아이의 오래된 생활 습관으로 자리 잡은 것이지요.

사람들은 평생을 살아가면서 자신의 미숙함과 부족함을 개선시키고 채워 나가기 위해 끊임없이 노력합니다. 그리고 미숙한 자신을 개선시키는 과정에서 가장 중요하고도 필수불가결한 요소가 바로 '독서' 라고 할 수 있습니다. 따라서 우리 자녀에게 어릴 적부터 독서습관을 심어 주는 것은 부모가 자녀에게 줄 수 있는 위대한 선물입니다. 더군다나 독서는 성장기 아이의 정신 건강에 절대적인 도움을 줍니다.

독서는 아이의 주의집중력을 높여 줍니다. 아이가 책을 재미있게 읽을 때 자연스럽게 주의집중력이 올라가게 됩니다. 사실 인터넷 게임을 해도 일시적으로 주의집중력을 높일 수는 있습니다. 아이가 흥미를 보이는 활동에는 평소보다 더 높은 수준의 주의집중력을 유지할 수 있기 때문이지요.

그러나 인터넷 게임은 주의집중력을 높이기 위한 방법으로는 적절치가 않습니다. '복잡하고 자극적이며 말초적인 활동'이기 때문이지요. 아이들은 인터넷 게임을 하면서 현란한 시각적 자극 및 재미있는 청각적 자극을 즐기고, 덤으로 빠른 손놀림을 통해서 촉각적 자극을 충족시킵니다. 한마디로 정신 차릴 틈 없이 기계적인 움직임을 요하기 때문에 두뇌 활동이 적습니다.

그러나 책 읽기는 그렇게 복잡하고 자극적인 활동이 아닙니다. 활자를 눈으로 읽는 것이므로 단순한 시각적 자극만 있는 것이지요. 그리고 나머지의 두뇌 활동은 상상을 통해서 다른 자극을 충족시킵니다. 아이가 《해리 포터와 마법사의 돌》을 읽을 때 마치 해리 포터가 보고, 듣고, 느끼는 것과 비슷한 현상을 경험하면서 책에 빠져드는 것이지요.

특히, 인터넷 게임에만 놀라운 주의집중력을 보이는 아이들 중에서는 '주의력 결핍-과잉행동장애(ADHD)'에 해당하는 경우가 많습니다. 그런 아이들은 나머지의 일상적 활동, 특히 독서나 쓰기 활동에서는 주의집중력을 발휘하기가 매우 어렵습니다. 왜냐하면 너무나 단순하고 지루하게 느껴지기 때문이지요.

그러나 독서 활동은 아이가 학교에서 하는 학습 활동 및 집에서 하는 공부와 여러 가지 측면에서 유사성을 가지고 있습니다. 책 읽기를 좋아하는 아이들 중에서 공부를 잘하는 아이가 많은 이유가 바로 여기에 있습니다.

독서 치료

초등학교 2학년인 미영이는 ADHD 증상을 보이는 아동으로 도무지 학교 수업에 집중을 하지 못하고, 공부나 숙제하는 것을 지나치게 싫어 했습니다. 미영이를 치료하는 과정에 있어서 중요한 역할을 한 것이 바로 '독서'였습니다.

미영이가 관심을 보이는 분야의 책을 부모가 골라 준 다음에 읽게 했습니다. 읽게 했다기보다는 미영이가 관심 있는 분야이기 때문에 자발적으로 책을 보게 된 것이지요. 그런 다음에 엄마는 조심스럽게 책 내용에 대한 아이의 생각과 느낌을 물어보며 자연스레 화제를 맞춰 나갔습니다

처음에는 그림책으로 시작했고, 그 다음에는 만화책을 거쳐서 보통의 일반 책으로 확대해 나갔습니다. 약간의 약물 치료를 병행하면서 그렇게 1년이 지나가자 미영이의 주의집중력은 놀랍도록 향상되었습니다. 책 읽기를 좋아하는 새로운 습관이 생긴 것은 부가적인 소득이었지요.

독서는 아이의 감정을 정화시키는 수단으로 이용될 수 있습니다. 어린이들은 독서를 통해서 단순하게 지식만 습득하는 게 아닙니다. 책의 주제에 따라서 감동, 배려, 분노, 기쁨, 슬픔, 희망, 꿈 등 다양한 감정을 체험할 수 있지요. 《돈키호테》를 읽으면서 아이들은 돈키호테의 우스꽝스런 행동에 재미를 느낌과 동시에 나도 그렇게 하고 싶다는 '꿈'을 가

지게 됩니다.

벌써부터 답답한 현실의 제지와 한계를 느끼는 아이들이라면, 그야 말로 돈키호테를 통해 대리만족을 느끼면서 불만족스러운 감정을 해소할 수 있습니다.

그리고 독서는 아이들의 사회적 적응 능력을 향상시켜 줍니다. 사회적 적응 능력을 향상시켜 나가는 데 필요한 간접적인 경험을 제공하기 때문입니다.

아이들은 일차적으로 직접적인 생활 경험을 통해 시행착오의 과정을 거치면서 점차 긍정적인 방향으로 환경에 적응해 나갑니다.

예를 들어, 친구에게 함부로 얘기를 했더니 그 친구가 화를 내서 결국 싸움에 이르게 되었다는 경험을 했습니다. 그러면 이 아이는 다음부터 친구에게 말을 할 때 조심스럽게 할 것입니다. 그리고 그것이 여러 번 반복되다 보면 다른 사람들에게도 신중하게 말을 하는 습성을 터득하게 됩니다. 이러한 과정을 '일반화(generalization) 과정'이라고 합니다.

책 속에는 우리의 과거 및 현재 생활이 다 들어가 있으면서 다양한 사람들의 심리 및 인간관계가 녹아 있습니다. 아이들은 이러한 책을 읽으면서 결국 사람들과 잘 지내는 법을 알게 될 것입니다. 그리고 그렇게 터득한 지식을 실제 생활에서 적용시키려고 할 것이며, 이 과정에서 자신만의 독특한 패턴으로 수용하고 변화시키면서 발전합니다.

가령 《돈키호테》를 읽으면서 시중을 드는 '산초' 나 사람들의 부정적인 반응을 보고 현실적인 판단 기준을 자연스레 습득합니다. 따라서 '이상' 이 훌륭하다 해서 무작정 행동으로 옮기면 실패할 확률이 더 높다는 사실도 깨달을 것입니다.

또 독서는 자아존중감 또는 자긍심을 높여 주는 기능을 합니다.

아이들이 독서 활동을 통해서 지식을 얻게 되고, 소중한 가치를 느끼게 되면서 '지적 욕구' 내지는 '지적 호기심' 을 충족시키는 결과를 낳게 됩니다. 그러므로 책을 많이 읽는 어린이는 늘 자신감에 차 있고, 자신을 중요한 존재로 여기지요.

자신감과 자긍심은 여러 가지 정신적 병리 현상을 방지하는 데 있어서 매우 중요한 인자입니다. 그러므로 아이들은 독서 활동을 통해서 정신 건강을 증진시키는 것입니다. 이렇듯 독서는 아이들의 성장에 중요한 역할을 하게 됩니다.

독서습관 만들기

그러면 아이들에게 독서습관을 길들여 주기 위해서 부모는 어떠한 노력들을 할 수 있을까요?

첫째, 책 읽는 가족 분위기가 중요합니다.

집에 오자마자 TV를 켜거나, 피곤하다고 드러눕기부터 하는 아빠는 곤란합니다. 혹시 엄마도 집안일에 바쁘다는 핑계로 책 읽기를 꺼리지는 않나요? 물론 직장일과 가사에 바쁜 요즘, 책 읽기가 쉽지만은 않겠지만 일주일에 단 한 번만이라도 가족이 함께 책 읽는 시간을 가져 보세요. 그 정도마저도 힘들다면 곤란하겠지요.

둘째, 아이에게 책을 읽어 주세요.

취학 전의 어린아이들에게 책을 읽어 주는 것은 아이의 정서적 안정과 지적 상상력을 키워 주는 데 매우 중요한 역할을 합니다. 예전과 달리 요즘 아이들은 자연을 접할 기회나 또래 아이들과 어울려 놀 수 있는 시간이 절대적으로 부족합니다. 이런 아이들에게 책을 읽어 주면 시청각적 간접 경험을 통해 상상력을 자극하고 창의력을 계발하는 데 많은 도움이 됩니다. 특히 어릴 적 읽어 주었던 그림책이나 동화책은 그 내용과 함께 부모의 사랑이라는 이름으로 오랫동안 아이의 기억 속에 머무르기도 하지요.

셋째, 아이가 책을 읽을 때는 긍정적인 반응을 보여 줍니다.

"우리 준석이가 책을 읽는구나!" 하는 칭찬의 말과 함께 따뜻한 미소를 보내세요. 머리를 쓰다듬어 주는 것도 좋은 방법입니다. '내가 책을 읽을 때면 우리 부모님은 나에게 잘해 주시는구나!' 라는 공식이 아이의 머릿속에 입력되는 것이지요. 이 회로가 머릿속에 만들어진 이후부터는 저절로 책을 찾게 됩니다.

넷째, 아이가 독서에 계속 흥미를 유지할 수 있도록 다양한 책을 읽히는 것입니다.

이때 주의해야 할 점은 부모의 관점에서 일방적으로 책을 선정해서 아이에게 읽으라고 지시하는 것은 곤란합니다. 그러면 아이는 독서를 어렵고 지루한 활동으로 여기게 되어서 궁극적으로는 실패합니다. 요즈음 좋은 학습 만화가 많이 있습니다. 책에 별로 흥미가 없는 아이들은 만화책으로 시작해도 괜찮습니다. 우선 아이가 흥미로워하는 만화책으로 시작해서 점차 난이도가 높은 책으로 옮겨갈 수 있습니다.

독서는 참으로 하늘이 내린 축복이라고 할 수 있습니다. 돈으로 따져서 뭣하기는 하지만 단돈 만 원으로 전 세계를 여행하고, 우주를 탐험하고 때로는 깊은 바닷속을 들여다보고 미지의 세계를 드나들기도 합니다. 또 위대한 인물들의 전기를 읽으면서 그분의 지식과 철학을 배웁니다. 그리고 현실에서 부딪치는 어려움을 헤쳐 나갈 수 있는 지혜를 배우기도 하고 피해 갈 수 없는 아픔을 위로 받기도 합니다.

책 읽기는 앞으로 다가올 어려움을 방지하는 인생의 예방주사와 같은 역할을 하기도 하고 때로는 현재의 어려움을 치료하는 치료용 주사와 같은 역할을 합니다. 아이들의 정신적 건강을 위해 '독서습관'이라는 예방주사를 꼭 선물해 주시기 바랍니다.

헬리콥터 부모와
컨설턴트 부모

아이들에게 자율성과 독립심을 길러 주는 것은 모든 부모의 공통된 바람입니다. 하지만 요즘은 사소한 일까지도 부모의 허락 없이는 행동을 못하는 아이들이 많습니다. 심지어 장성한 이후에도 부모에게 의지하는 캥거루족까지 생기고 있는 실정입니다. 역설적이지만 부모님의 바람은 아이의 '독립성과 자율성'에 있지만 행동은 '과보호'에 있다 보니 기대와 다른 결과가 나타나는 것이지요.

　아이에 대한 부모의 기대가 지나치게 높거나 지나치게 낮을 경우 아이는 자율성과 독립심을 갖기 어렵습니다. 기대가 너무 높을 경우 아이들은 실패에 대한 두려움 때문에 자신의 행동 하나하나에 대해서 부모님의 허락을 받으려고 하지요.

　반대로 부모의 기대가 지나치게 낮을 경우 아이는 부모가 자신에게 아무것도 기대하지 않는다고 생각하게 됩니다. 이 경우 아이는 성취에 대한 욕구가 없어져서 대충 행동하고 나태해집니다.

　또 부모의 지나친 허용이나 비판도 문제가 됩니다. 아이에게 무엇이든지 다 '오냐, 오냐' 하는 부모의 태도는 오히려 나태하고 목표가 없는, 그리고 버릇없는 아이를 만들겠지요. 세상에는 어려움과 쉽지 않은 일이 존재한다는 사실을 알고 이를 성취하기 위해 열심히 노력한다든가, 또는 어려운 환경을 극복하는 경험 등이 동기 형성에는 매우 중요합니다.

　반대로 부모가 지나친 비판을 할 경우 아이들은 부모의 사랑을 의심하거나 자신이 뭔가 부족하다고 생각합니다. 이 경우는 비판에 대한 두려움으로 학습이나 성취에 대한 동기가 위축됩니다. 그 결과 아이는 자발성이 없어지고 목표를 혼자 설정하지 못하며, 조금만 어려워도 포기하고 때로는 과거의 사랑받던 시절로 돌아가기 위해 제 나이보다 어린 행동을 하기도 합니다.

부모의 세 가지 유형

자녀의 부모에 대한 의존과 독립의 정도를 기준으로 볼 때 부모의 유형은 크게 다음의 세 가지로 분류됩니다.

첫째, 헬리콥터 부모입니다.

부모가 마치 헬리콥터처럼 학교 주변을 맴돌며 사사건건 아이의 문제를 학교에 통보하고 관여하는 현상을 빗대는 표현입니다. 헬리콥터 부모는 자녀에게 끊임없이 간섭하고 지시하면서 의사 결정을 대신 해 주지요. 안타깝게도 오늘날 많은 부모들이 헬리콥터 부모가 되어 가고 있습니다.

아이의 주도적 판단과 행동을 막는 헬리콥터 부모의 자녀들에게 독립성을 기대하기란 매우 어렵습니다. 요즘 캥거루족이 많이 생겨나는 이유도 여기에 있습니다. 심지어 대학을 졸업한 아들이 취직을 위해 회사에 면접 보러 가는 장소까지 따라가는 부모도 있습니다. 그것도 부모가 가고자 해서 따라간 것이 아니라 '엄마가 없으면 불안하다'고 말하는 아들 때문에 어쩔 수 없이 간 것이지요.

혹시 내가 헬리콥터 부모 유형에 들지는 않는지 한번 돌아보세요.

둘째, 불도저 부모입니다.

이름부터 무시무시합니다. 현재 40대 이상 되는 부모들은 아마 자신들의 과거를 떠올리면서 '맞아! 우리 아버지가 그랬어!' 라고 무릎을 칠지도 모릅니다. 강하고 위대하면서도 동시에 닮기 싫고 적대감마저 느껴졌던 우리 아버지들입니다.

엄하고 무서운 부모, 자녀에게 항상 명령만 내리고, 명령이 이행되지 않았을 때는 가차 없이 처벌을 내리는 부모가 바로 불도저 부모입니다. 비록 과거의 부모처럼 심한 체벌을 가하지 않더라도 자녀의 생각과 의견을 묵살한 채 오로지 부모가 제시한 방향으로 생각하고 행동할 것을 강요하는 유형입니다.

이럴 경우, 아이가 어릴 때는 고분고분 잘 따라 하다가도 사춘기가 올 무렵부터 아이들의 강력한 반발에 부딪쳐 부모와 아이의 관계가 극도로 악화될 수도 있습니다. 당연히 불도저 부모의 자녀 역시 독립성을 갖추기 어렵습니다.

셋째, 컨설턴트 부모입니다.

컨설턴트란 직업적인 차원으로 볼 때 기업의 재무나 경영에 대해서 상담해 주는 사람을 말하지만, 본래의 의미는 상담을 해 주고 조언을 해 주는 사람입니다. 금융 컨설턴트, 법률 컨설턴트, 인생 컨설턴트 등의 어휘에는 나에게 도움을 주고 믿고 의지할 만한 사람이란 느낌이 있습니다.

자녀의 말에 귀를 기울이고, 문제점을 파악한 다음에 적절한 조언과 충고를 제시해서 아이 스스로가 판단하고 결정해서 주도적으로 행동할 수 있게 해 주는 것이지요. 우리가 신뢰를 느끼는 사람에게 고민을 풀어놓듯 자녀 또한 그런 부모를 필요로 합니다. 이렇게 해서 쌓인 부모와 자식 간의 신뢰는 굉장히 견고해서 어지간한 어려움에도 잘 흔들리지 않지요. 가장 바람직한 부모상이 아닐까 생각됩니다.

칭찬의 기술

앞서 말씀드린 부모의 유형에 따라서 칭찬하는 방식도 달라집니다. 우리 아이가 오늘 학교 시험에서 100점을 받아왔습니다. 과연 어떤 칭찬이 아이에게 자신감을 불어넣어 주고 행복하게 만들까요?

엄마 1. "100점 맞았어? 정말 잘했어."
엄마 2. "우리 철수는 늘 100점만 받는구나."
엄마 3. "열심히 했구나. 엄마는 네가 자랑스럽다."

사실 세 가지 다 좋은 칭찬입니다만 불도저형 부모는 '엄마 1' 처럼 말했을 것입니다. 그 말 중에는 "잘했어. 하지만 100점을 받았다고 해서 마음 놓으면 안 된다"라는 압박감이 아이에게 은연중에 전달되고 있습니다. 100점이라는 것에 우선적으로 반응하는 코멘트입니다. 그래서 아이는 '100점이 중요하구나' 라는 인식을 하면서 한편으로는 '다음에 100점을 못 받으면 어떻게 되지?' 라는 불안감을 느끼게 됩니다.

헬리콥터 부모라면 아마 '엄마 2' 의 반응이 제일 가까웠을 것입니다. '잘했어! 우리 철수는 엄마의 기대를 저버리지 않는구나' 라는 엄마의 희망이 숨어 있고 아이는 '우리 엄마는 늘 100점을 원하시는구나' 라는 생각이 들 것입니다. 헬리콥터 부모에게 있어서 아이의 성공은 곧 부모인 나의 성공을 의미합니다. 그래서 엄마는 앞으로도 아이 옆에 붙어서 열심히 아이의 공부를 봐 주리라 다짐합니다.

'엄마 3' 은 어떠한가요?

공부를 열심히 했다는 '과정' 을 칭찬하는 것, 즉 아이의 노력에 대한 칭찬입니다. 결과에 대한 칭찬도 있지만 과정 또한 중요하다는 메시지가 아이에게 전달되고 있어 자신감을 심어 주는 컨설턴트 부모의 반응이라고 말할 수 있습니다.

컨설턴트 부모의 조건

그렇다면 컨설턴트 부모가 되기 위해서는 어떻게 해야 할까요?

먼저, 아이를 독립된 인격체로 인정하고 자녀의 생각을 최대한 존중해 줍니다. 비록 자녀가 아직 미숙하고 부족하더라도 아이의 생각을 먼저 확인해 보고 비록 그것이 틀리거나 실패할 확률이 있다 치더라도 스스로 경험할 수 있는 기회를 줍니다. 부족하지만 생각을 할 줄 아는 자녀를 인정함으로 해서 점차 아이의 생각을 키워 나갈 수 있습니다.

한편, 아이의 능력을 과대평가하지도 또는 과소평가하지도 않습니다. 컨설턴트 부모는 자녀에 대해서 비교적 객관적이고 합리적으로 생각합니다. 따라서 그에 맞는 맞춤식 교육과 양육이 가능해지지요. 분석이 정확해야 올바른 해법이 나옵니다. 자녀의 능력을 과대평가해서 아이에게 벅찬 과제를 강요하거나 아이의 능력을 과소평가하여 곁에서 닦달하지 않습니다. 아이의 능력을 정확하게 평가하는 것이야말로 부모의 중요한 능력입니다.

컨설턴트 부모는 자녀의 말을 들어 주기만 하는 것일까요? 결코 그렇지 않습니다. 오히려 그 어떤 다른 유형의 부모보다도 위엄 있고 강력하게 리더십을 발휘하지요. 강력한 리더십을 가능하게 만드는 원동력은 평소의 부모와 자녀 간의 긍정적인 애착 관계입니다. 긍정적 애착 관계를 형성하기 위해서는 평소 아이에게 긍정의 반응을 주로 보여야 합니다.

어떤 부모는 아이가 잘못할 때만 반응을 보여 야단을 치는데 그 순간마다 아이의 자긍심은 한없이 추락합니다. 아이가 스스로를 긍정적으로 바라볼 수 있는 자기존중감은 바로 부모의 반응으로부터 시작됩니다.

아이가 잘한 행동을 보일 때 긍정적 반응을 보이고 잘못했을 때는 격려해 주세요. 부모가 긍정의 반응을 많이 보인다면, 아이들은 분명 그것에 부합되는 행동을 많이 할 것입니다.

아이에겐 칭찬이 보약입니다. 부모가 아이에게 보이는 긍정적인 반응의 대표적인 방법이 바로 칭찬입니다. 너무나도 당연한 말이지만 칭찬을 많이 받은 아이는 결국 자신감이 올라가고, 자신감은 성취로 이어지면서 아이의 꿈을 이루는 중요한 열쇠가 됩니다.

자녀도 남이다

자녀도 엄밀히 따지고 보면 분명히 '남' 입니다. 우리가 다른 사람을 이해하기 위해서 대화를 나누듯 자녀와 부모 사이에도 항상 대화가 필요합니다. 자녀와의 대화는 자녀에게 필요한 것들을 가장 적절하고도 신속하게 제공할 수 있습니다. 대화를 많이 나누는 것도 매우 중요하지만 대화의 질 또한 중요합니다.

많은 부모들이 자녀 문제의 해결사를 자청하면서 일방적인 지시를 하는데, 오히려 실패할 확률이 더 높습니다. 해결사가 되기보다는 조언자가 되고자 하는 부모가 결과적으로 아이의 문제를 더 잘 해결해 줄 수 있습니다. 아이 문제는 아이 스스로 해결하도록 하는 값진 경험도 선사할 수 있지요.

야단을 치는 것도 기술이 필요합니다. 야단치기 기술의 핵심은 감정적으로 흥분하지 않는 것이지요. 감정적으로 흥분해서 아이를 야단치다 보면, 어느새 양육이라는 본질적인 측면에서 벗어나서 아이를 통한 화풀이가 됩니다.

부모가 야단을 치는 목적은 아이에게 잘못된 생각과 행동을 스스로 인식하게 한 다음에 올바른 생각과 행동을 심어 주기 위함이지요. 감정적인 체벌이나 흥분으로 아이를 혼내게 되면, 아이는 두려움과 분노, 반항 등의 부정적인 감정이 앞섭니다. 이는 부모와 아이 사이의 1mm 간격을 천길만길로 멀어지게 만드는 지름길입니다.

양·가·감·정

마녀 같은 엄마,
천사 같은 엄마

결혼을 하고 아이를 낳으면 '어머니' 란 타이틀이 생깁니다. 하지만 이 땅의 모든 어머니가 완벽한 어머니가 될 수 없듯이 자식에게 무조건적으로 헌신하는 것 또한 쉽지 않습니다. 가끔 TV 시사 프로그램에서 자식을 학대하는 무서운 어머니를 심심찮게 목격하면서 나도 모르게 가슴을 쓸어내리는 이유는 뭘까요?

학대하는 엄마 밑에서 자란 자녀들은 엄마에 대해 부정적인 감정과 기억을 갖게 됩니다. 그러나 참 신기하게도 엄마에게 무차별적인 학대를 당한 사람이라 할지라도 엄마에 대한 사랑과 관심은 물론 긍정적인 감정 역시 살아 있다는 것입니다. 자기를 학대했던 엄마라 해도 백퍼센트 미워하거나 무서워하는 것만이 아니라는 것이죠. 그 반대로 헌신적인 사랑만을 주셨던 엄마라 해서 백퍼센트 고마워하고 사랑하는 감정만 갖고 있지는 않다는 것입니다. 자타가 공인하는 헌신파 엄마들은 이 대목에서 다소 의외라는 표정을 지을 수도 있겠지요.

대부분의 사람들은 엄마에 대해서 '한 가지 느낌, 두 가지 감정'을 갖고 있습니다. 한 가지 느낌이란 '좋다'입니다. '싫다'도 있겠으나 이는 극소수의 경우입니다. 그리고 두 가지 감정은 '긍정적인 감정'과 '부정적인 감정'입니다.

제 상담실을 찾아왔던 수많은 어린이들에게 '엄마'에 대한 '마음'을 물어봤습니다. 대부분 "좋아요"라고 대답합니다. 그러나 구체적인 질문 앞에선 아이들이 소위 '딴지'를 걸기 시작합니다.

"우리 엄마는 무서워요."

"화가 나면 마녀 같아요."

"제 얘기를 들어 주지 않아요."

우리 엄마는 가까이 계시면서 나를 키워 주고 사랑해 주셔서 좋긴 하지만, 때로는 자신들의 의견을 무시하거나 화를 내기도 합니다. 그래서 싫다고 합니다.

이렇듯 엄마에 대한 아이의 감정은 두 가지의 상반된 감정이 동시에 존재합니다. 이를 '양가감정(Ambivalent Feelings)' 이라고 부릅니다. 마음이 아픈 아이들은 양가감정이 셉니다. 결국 부모님을 향한 부정적인 감정이 긍정적인 감정에게 거세게 도전한다는 뜻입니다. 문제는 이런 유형의 아이들은 바로 이런 상반된 감정 때문에 더 괴로워한다는 것입니다.

이러한 부정적인 감정을 억누른 채 생활하다가 반감이 쌓일 대로 쌓이면 때론 겉으로 폭발하게 됩니다. 주로 폭력적인 행동, 틱, 반항, 짜증, 분노, 적개심의 표현, 욕설 등으로 나타나는데 이를 '외현화 증상(Externalizing Symptoms)' 이라고 합니다.

반면 부정적인 감정이 밖으로 표출되지 못하고 계속 쌓여만 가는 증상은 자기비하, 우울, 불안, 사회적 고립, 침묵 등으로 나타나는데 이를 '내재화 증상(Internalizing Symptoms)' 이라고 합니다.

그렇다고 벌써부터 엄마들이 절망할 필요는 없습니다. 아이의 문제가 상당 부분 엄마에게서 비롯된 것은 사실이지만, 아이의 문제를 해결하는 열쇠 역시 엄마가 쥐고 있으니까요.

잔소리 마귀할멈

영재는 초등학교 6학년 남학생으로 세 남매의 맏이입니다. 그래서 영재의 부모님은 어려서부터 많은 기대를 해 왔고 그러다 보니 어머니는 영재의 일거수일투족에 대해서 간섭을 했습니다.

'그렇게 앉지 마라', '공부할 때는 마음을 집중해라', '항상 긍정적인 마음가짐을 가져라', '친구들을 아무나 사귀지 마라', '어른이 얘기할 때는 잘 들어라', '동생들에게 잘해라', '게임 그만 해라. 중독된다'

이 말들은 영재가 저와의 상담 시간에 털어놓은 엄마의 잔소리 리스트였습니다. 그러면서 엄마를 '잔소리 마귀할멈'이라고 불렀습니다.

영재는 컴퓨터 게임에 지나치게 몰입하는 편이었고 그러자 자연적으로 공부는 뒷전으로 밀려났고 부랴부랴 엄마 손에 이끌려 상담을 받으러 온 것입니다. 영재의 상태는 생각보다 심각했습니다.

부모님이 집에서 컴퓨터를 사용하지 못하게 하자, 친구들과 어울려서 PC방에 드나들었고 이로 인해 집에 들어오는 시간이 점차 늦어졌습니다. 화가 난 부모님이 영재를 가만 두고 보실 리 없었겠죠? 부모님의 질책과 꾸중이 계속되자 영재는 급기야 외박을 하는 아이로 돌변하고 맙니다. 부모님이 영재를 붙잡아다가 억지로 책상에 앉히기도 했지만, 글자는 도무지 눈에 들어오지 않았고, 수업 태도나 성적도 현저하게 떨어져 담임선생님까지 걱정하게 되었지요.

저와의 첫 면담에서 놀라웠던 장면은, 엄마가 옆에서 자신의 얘기를 할 때 영재가 귀를 틀어막는 것이었습니다. 그리고 몹시 괴로운 인상을 쓰고 있었지요.

"엄마가 좋을 때는 없니?"

"별로 없어요. 아! 잔소리 안 할 때요."

"어릴 적의 엄마는 어떠하셨는데?"

"그때는 괜찮았던 것 같아요."

"그래? 어떻게? 기억나는 것은 없니?"

"여섯 살 때 놀다가 넘어져서 다친 적이 있었어요. 그때 엄마가 저를 안고서 병원에 가셨어요. 엄마가 울었던 것이 생각나요. 그때는 엄마가 천사였었는데……."

"엄마가 언제부터 천사 엄마에서 마귀할멈으로 바뀌셨지?"

"모르겠어요. 언제부터인가 그랬는데 제가 공부를 못하면서부터였던 것 같아요. 만날 공부하라고 소리 지르고…… 정말 짜증나요."

마귀할멈 같은 엄마를 마냥 미워하지만은 않으면서도 천사와 같은 엄마와의 기억은 잠깐 들었다가 이내 사라집니다.

엄마가 좋았다가도 잔소리를 하는 엄마의 목소리를 듣고 화난 표정을 보는 순간 엄마를 미워하게 되는 이른바 '양가감정'으로 괴로워하는 사람은 누구보다도 영재 자신이었습니다. 사실 영재만 그러한 것은 아닙니다. 엄마 역시 영재에 대한 양가감정으로 힘들어했습니다.

"아이에게 잘해 줘야지 하는 생각이 들었다가도 아이의 행동을 보고 있노라면 화가 치밀어서 견딜 수가 없어요. 잠잘 때 모습은 꼭 천사 같은데, 낮 동안에 빈둥대고 말 안 듣는 모습을 보면 애물단지가 따로 없다는 생각이 들어요."

함구령

저는 영재 엄마에게 '함구령'이라는 간단한 처방전을 써 드렸습니다. 이제부터 영재에게 무슨 말이든 하지 말 것을 당부했지요.

다만 예외적으로 할 수 있는 말은 '밥 먹어라', '잘 잤니?'의 두 마디와 영재가 물어보는 것에 대한 대답으로 제한했습니다. 엄마는 반신반의하면서 제게 묻더군요.

"그러면 아이가 공부를 한 자도 하지 않고 하루 종일 컴퓨터에 앉아 있어도 그냥 아무 말 하지 말라는 거예요?"

"예, 그렇습니다."

이러한 결정 과정에 영재도 물론 있었습니다. 그로부터 일주일 후에 다시 만났습니다.

"어떻게 '함구령'은 잘 지켜졌습니까?"

"아니요. 딱 하루밖에 가지 않았어요. 하루 종일 게임만 하는 꼴을 어떻게 지켜볼 수만 있냐 말이에요."

"그것 봐요. 우리 엄마는 잔소리를 멈출 수가 없다니까요."

"하루는 지켜졌군요. 좋습니다. 그것은 결코 쉽지 않습니다. 앞으로 일주일 동안 다시 한 번 시도해 보세요."

황당해하는 엄마와 안도의 한숨을 내쉬는 영재를 보낸 후 다시 일주일이 지나갔습니다.

"어떻게 지내셨지요?"

"선생님, 영재가 확 달라졌어요. 정말 아무 소리를 안 했지요. 그랬더니 3일간은 계속 컴퓨터 게임만 하는 거예요. 속으로 열불이 났지만 꾹 참았어요. 4일째 되는 날 갑자기 컴퓨터를 끄더니 책을 펼치는 거예요. 정말 깜짝 놀랐어요. 그래서 왜 컴퓨터 게임을 그만 하느냐고 물어봤지요. 그랬더니 영재가 '책 보려고요' 이러는 거 있죠. 호호! 놀라서 뒤로 넘어질 뻔했어요. 그래서 영재에게 '왜 마음껏 더 하지 그래? 이제 엄마가 아무 소리 안 하잖아' 그랬더니 아이가 이러더군요. '엄마가 잔소리 안 하니까 게임이 시시해졌어요. 이제 공부 좀 해야겠어요' 라고요."

"정말이에요, 엄마! 엄마가 잔소리를 안 하니까 이상하게 더 공부가 하고 싶어지더라고요. 게임도 적당히 해야겠다는 생각이 들었어요."

"이제까지 영재가 잘되라고 계속 마음 졸이면서 달달 볶았는데, 오히려 아무 말 안 하니까 아이가 더 잘하네요. 영재가 자기 생각이 있는 줄 전혀 몰랐어요."

영재의 마음속에서 엄마의 이미지였던 마귀할멈이 점차 사라지고,

천사 엄마로 변화하는 과정이 일어난 것입니다. 이제 영재는 더 이상 양가감정으로 괴로워하는 일이 없겠지요?

나와 아이의 관계 알아보기

아이들이 엄마에게 100% 좋은 감정만 갖고 있을 수는 없습니다. 80% 정도만 되어도 훌륭합니다. 아니, 60%만 되어도 '엄마를 좋아해요!' 라고 말할 수 있습니다.

그러나 그것이 50% 이하가 되는 순간 '엄마를 별로 좋아하지 않아요!' 라는 말이 나오고, 더 심해지면 '엄마가 싫어요!' 라고 표현합니다.

여러분은 혹시 어디쯤 와 계신가요?

60% 정도? 그 정도면 훌륭합니다. 이제부터 그 비율을 조금씩 늘려가면 됩니다.

나와 내 자녀와의 관계에 영향을 미치는 요인은 놀랍게도 어릴 적 나와 나의 어머니와의 관계입니다.

실제로 정신과에서는 아동을 치료할 때 '성인 애착 면접(Adult Attachment Interview)' 이라는 과정을 치료 기법으로 사용하고 있습니다. 쉽게 말씀드리면 성인인 어머니의 애착 유형을 알아본 후 아이와의 관계를 개선시키는 데 도움을 주는 방법이지요.

여기에서 이 방법을 모두 소개하기는 어렵습니다만 그중의 핵심적인 질문, 즉 나의 어릴 적 어머니와의 관계를 스스로 돌아보는 것은 여러모로 의미가 있습니다.

다음과 같은 질문을 본인 스스로에게 던져 보세요.

기억해 낼 수 있는 가장 어린 시절로 돌아가서(대개 5~12세) 어머니와 나와의 관계를 표현해 줄 수 있는 다섯 개의 형용사나 단어를 써 보세요. 그리고 이 단어에 대해서 각각 왜 선택했는지 간단하게 정리해 보세요.

만일 나와 어머니와의 관계를 글로 쓰기가 어렵다면 '나의 어머니'에 대한 어릴 적 기억을 떠올리면서 다섯 개의 단어를 써 보세요. 다섯 개 중에 몇 개나 긍정적인 단어입니까?

그리고 '나와 어머니'의 관계와 '나와 자식' 간의 관계에 비슷한 점과 다른 점은 무엇이지요? 혹시 좋지 않은 양육 방식이 세대를 이어서 나타나고 있는 것은 아닌가요?

좋은 양육 방식은 당연히 그대로 이어져야겠지만 나쁜 양육 방식은 아이의 행복을 위해 끊어 내는 게 좋겠지요.

"나의 어머니는 나에게 충분한 사랑을 주지 못하셨고 사랑을 표현하는 방법상의 문제가 있었는데, 지금의 나는 어머니로서 자식에게 최대한 사랑을 주고 있습니다."

이렇게 말하는 당신은 이 세상에서 최고로 훌륭한 어머니입니다.

이제 자식이 아닌 어머니의 입장이 되어 내 아이와의 관계를 알아볼까요? 마찬가지로 '자식' 하면 떠오르는 이미지를 형용사나 단어로 표현해 보세요.

귀여움, 사랑스러움, 보물, 보람, 애틋함, 기쁨 등의 긍정적인 정서에서부터 미움, 속상함, 슬픔, 실망, 억울함, 서운함 등의 부정적인 정서가 나올 것입니다. 마찬가지로 다섯 개의 형용사나 단어를 써 내려간 다음에 그렇게 느끼고 있는 이유를 스스로에게 말해 보세요.

다섯 개의 형용사가 모두 긍정적인 표현이었습니까? 아니면 몇 개나 긍정적이었지요?

만일 세 개가 긍정적인 단어였다면 당신에게 비춰진 당신의 자녀는 60점입니다. 자식에게 60점짜리 부모가 되었다면, 서로 비슷하게 느끼고 있는 것입니다. 그런데 나는 자식에게 100점을 주면서 자식은 내게 60점을 주었거나, 또는 반대로 나는 자식에게 60점을 주면서 자식은 내게 100점을 주었다면 뭔가 불협화음이 생겼다는 징조입니다. 그렇지만 실망하지 마세요. 둘 다 60점이 넘었다면 일단 안심입니다.

'즐거운 엄마', '행복한 아이'

공원을 산책하거나 백화점에서 쇼핑하다 보면 아들이나 딸과 팔짱을 끼고 가는 엄마의 여유로운 모습을 간간이 볼 수 있습니다. 세상에 더할 수 없이 행복한 광경이지요. 세상의 모든 엄마와 자식의 관계가 이토록 아름답다면 얼마나 좋겠습니까!

부부간에도 사랑의 감정 표현이 두 사람의 행복한 관계를 위해 필요하듯이 부모와 자식 간에도 이해와 사랑의 표현이 꼭 필요합니다. 이제 따뜻한 한마디의 말부터 시작해서 아이와의 공감대를 조금씩 넓혀 보세요.

첫술에 배부르지는 않겠지만 조금씩 화음을 맞추다 보면 아이와 엄마 사이, 1mm의 틈은 메워지고 어느 순간 "역시 엄마는 나하고 잘 통해"라는 말을 아이로부터 듣게 될 것입니다.

그 말을 들을 즈음이면 이미 당신은 100점 엄마가 되어 어느덧 훌쩍 큰 아이와 공원길을 한가로이 산책하고 있겠지요.

'나와 잘 통하는 엄마', 엄마에겐 즐거움이고 아이에겐 행복입니다. '즐거운 엄마', '행복한 아이', 그리 어렵지 않습니다. 지금 자리를 옮겨 '톡톡' 하고 아이의 등을 한번 두드려 주세요. 그 작은 움직임이 큰 변화의 시작입니다.

우리가 그러했듯이 아이들은 태내에서부터 청소년기까지 끊임없이 세상의 도전에 직면합니다. 혼자서 헤쳐 나가기에는 참으로 힘든 여정이지요. 하지만 언제나 든든한 것은 바로 옆에 부모님이 계시기 때문입니다. 특히 엄마의 존재는 아이에게 대지(大地)와 같지요. 대지의 무성한 나무 열매를 따 먹으며 드넓은 초원에서 마음껏 뛰어놀고 그러다가 지친 아이에게 편안한 쉼터가 되어 주기도 합니다.

이런 엄마에게 아이는 내 모든 것을 주어도 아깝지 않은 분신과 같은 존재입니다. 그래서 아이들이 엄마에게 무한정 의지하고 기대고 때로는 투정과 반항을 해도 엄마는 한없이 품어 줍니다. 참으로 신이 만든 가장 절묘하고 애절하며 행복한 관계가 아닐 수 없습니다.

하지만 엄마도 아이도 인간인지라 모든 감정에서 자유로울 수만은 없습니다. 감정적으로 감당하기 어려운 상황이 올 때 아이는 스스로 사고하고 행동하는 독립된 인격체란 점을 기억하고 마음을 1mm만 아이 쪽으로 기울여 보세요.

1mm 건너에서 다가와 주기를 바라는 아이들의 간절한 기다림이 있기에 손만 내밀면 아이는 바로 엄마의 손을 잡을 것입니다.

그러면 1mm의 간격이 엄마와 아이의 사랑과 존경이 합쳐지는 교집합의 자리가 되어 이 교집합은 평생 동안 엄마와 자식을 이어주는 굳은 믿음으로 자리매김할 것입니다.

아이에 대한 사랑은 이미 충분합니다. 아이와 부모의 1mm 마음 간격을 극복하기 위해서는 아이의 마음에 대한 이해와 실천이 꼭 필요합니다. 아이와 부모, 마음 간격 1mm를 이해와 사랑과 존경으로 채우는 일은 수학·영어 100점 받기보다, 조기 유학보다, 일류대학보다 우선되어야 합니다.

부모와 아이 마음 간격 1mm

초판 1쇄 발행 | 2008년 3월 10일
초판 10쇄 발행 | 2015년 9월 1일

글 | 손석한
일러스트 | 백지원

발행인 | 박진규
책임편집 | 김영신
마케팅 | 임병관

펴낸곳 | 파인앤굿엔터테인먼트(주)
등록번호 | 제313-2004-000102호
등록일자 | 2004년 4월 26일
주소 | 서울시 구로구 가마산로 236
전화 | 02-2107-6290~5
팩스 | 02-6716-1952

ISBN 978-89-959764-4-9 03370